antologia

a
vida
em
poesia

organização de
lura editorial

GERENTE EDITORIAL Aline Assone Conovalov	Todos os direitos desta edição são reservados à Lura Editorial.
DIAGRAMAÇÃO Lura Editorial	Primeira Edição **LURA EDITORIAL - 2021.**
REVISÃO Gabriela Peres Mitiyo S. Murayama	Rua Manoel Coelho, 500. Sala 710 São Caetano do Sul, SP – CEP 09510-111 Tel: (11) 4318-4605
CAPA Lura Editorial	www.luraeditorial.com.br contato@luraeditorial.com.br

Todos os direitos reservados. Impresso no Brasil.

Nenhuma parte deste livro pode ser utilizada, reproduzida ou armazenada em qualquer forma ou meio, seja mecânico ou eletrônico, fotocópia, gravação etc., sem a permissão por escrito da editora.

Dados Internacionais de Catalogação na Publicação (CIP)
(Câmara Brasileira do Livro, SP, Brasil)

A vida em poesia : antologia / organização Lura Editorial. -- 1. ed. -- São Caetano do Sul, SP : Lura Editorial, 2021.

ISBN: 978-65-86626-56-8

1. Antologia 2. Poesia brasileira I. Editorial, Lura.

20-48326

CDD-869.108

1. Poesia : Antologia : Literatura brasileira
869.108

antologia

a vida em poesia

lura

APRESENTAÇÃO

Ser poeta é ser corajoso. É não ter pudor, não ter medo e muito menos insegurança. É lutar contra a corrente e, com poucas palavras, ser capaz de quebrar paradigmas e transformar a visão do leitor.

Corajoso é aquele que, mesmo sabendo de suas limitações e falhas, transpõe barreiras e limites internos para se fazer ouvir.

O artista, mesmo inseguro, consegue entrar no palco para brilhar. Se preciso for, colocará uma máscara, mas não sairá do palco sem ter passado o seu recado. Para a profissão de escritor, muitas vezes também temos que nos reinventar para que possamos transformar vidas com nossa arte. Não nos contentamos em deixá-las engavetadas.

Para que o alvo seja alcançado, é preciso que vozes tenham meios de propagar e assim, de um modo sutil, livros como este ganham cada vez mais adeptos. É um orgulho poder sentir as expressões de vida de cada um aqui representado.

Espero que você, leitor, também sinta e se comova com a beleza da vida em forma de poesia.

Aline Assone Conovalov
COORDENADORA EDITORIAL

SUMÁRIO

MEIO AMBIENTE É VIDA 19
   🕮 Adriana Ferreira da Silva

SAUDADES DE PROFESSOR 22
   🕮 Adriana Ranzani

MENINA BONITA 24
POETA DE ESQUINA 25
   🕮 Adriano Serrão

CORPO APAIXONADO 26
   🕮 Adriele M. Bernardi

QUEM SE É? 28
   🕮 Adryan Maciel

SEXTA-FEIRA 29
VOLTAR-ME! 30
   🕮 Al Ndjali

BRINCADEIRA DE CRIANÇA 31
SORRIA DE VOLTA 32
   🕮 Alan David Duarte

ANJOS TORTOS 33
ANTES DO AMANHECER 34
   🕮 Alexandre Francisco de Campos Pires de Godoy

ACORDE 35
   🕮 Alice Castro

PRECE POR BRUMADINHO 36
AMIGO 37
   🕮 Ana Amorim

NAS CURVAS DO TEMPO...38
II..39
  🙠 Ana Cordeiro

POEMINHA FEITO À MÃO.......................................40
SUA CASA É VOCÊ MESMO.....................................42
  🙠 Ana Maria Reisky von Dubnitz Führ

PALHAÇADA DO PALHAÇO?....................................43
  🙠 André Santos Silva

ESTAÇÕES DA VIDA 45
O FIM..47
  🙠 Anelise Diniz

LUAR...48
CASTIGO..49
  🙠 Antonio Carlos Lopes Petean

TEU SILÊNCIO 50
  🙠 Antônio Lídio Gomes

BRILHA UMA NOVA ESTRELA!...............................51
  🙠 Bernardo M. N. Santos

CONFISSÃO SOB TORTURA DE INSÔNIA E LOUCURA 53
MAIS UM VERSO CLICHÊ ENDEREÇADO AO
HOMEM QUE EU AMO (OU ACHO QUE AMO, NÃO SEI)..........................54
  🙠 Bianca Morais da Silva

BEIJO – POESIA É COISA DE MOMENTO......................................55
SINE QUA NON*..56
  🙠 Bruno Eduardo

SÚPLICA 57
  🙠 Caíque Costa

COMPLEMENTO 59
ANJO ROSA 60
ᨓ Carlos Magno da Mata

A VIDA 62
O TEMPO 63
ᨓ Charles Oto Dickel

QUEM DIRÁ? 64
ᨓ Claudia Gil Braz

MÃE TERRA 66
ᨓ Cláudio Almeida

SAUDADE 67
ESPERANÇA 68
ᨓ Cris Menezes

ALMA GÊMEA 69
LUTO 70
ᨓ Cristina Lúcia Dias Vaz

FERIDA SEM FIM... 71
CHÃO DE CIMENTO 72
ᨓ Daiane Silva Santos

OUTONO 74
SLOW 76
ᨓ Daniele F. Vasques

TREM DAS ILUSÕES 78
ᨓ Davi Oliveira

DO REGRESSO, À NASCENTE DO NOVO MUNDO 80
ANJO DA MÚSICA 82
ᨓ Débora Torres

DOMINGO 84
CARTA DE JUNHO 85
ᨓ Diana Pilatti

A CORAGEM ME DEFINE 86
    Dorlene Macedo

NO DIA EM QUE EU MORRI 87
    E.C. Reys

NOVA ERA 89
SÚPLICA AO PAI UNIVERSAL 90
    Elaine Brecci

UM BRINDE À AMIZADE 91
II 92
    Eleonora Aparecida Teixeira de Moraes

CENAS DA VIDA 2020 93
ESTAÇÕES DO VIVER 94
    Elianes Terezinha Klein

CREIO 95
DOR 96
    Elias Hage

APRENDENDO A VIVER PLENAMENTE 97
SETE? 98
    Emílio Mascarenhas

NA TRILHA DAS BORBOLETAS 99
SIMPLESMENTE, KRAJCBERG 100
    Eneida Monteiro Nogueira

MEU PARAÍSO BELO 101
DE ORIGEM 102
    Esmeraldo Storti

VELA 103
SEM ROTEIRO 104
    Evandro Lobo

A AÇÃO DO TEMPO 105
FELIZ DIA 107
    Everson Nunes

ARACAJURU 108
TRANSCENDÊNCIA 109
    Fabiane de J. Caldas Brito

FOLHAS BRANCAS 110
LADO DE FORA 111
    Felipe da Costa Negrão

A PARTIDA 112
ESPERANÇA 113
    Fernanda Lícia de Santana Barros

PANDEMIA DA COMPAIXÃO E VÍRUS DA INDIFERENÇA 114
MORTE PLENA DE VIDA 115
    Fernando Phenix

PROCURANDO VOCÊ 116
DA PRÓXIMA VEZ 117
    Flávio Pereira

RECONHECER 118
LAR 119
    Gabi Darcie

DESENCONTROS 120
SEM EXPLICAÇÃO 122
    Geraldo Lago

SE 124
DEIXA-A IR 125
    Gisele Carvallo

ISOLADO AO SEU LADO 126
　🙢　Glaucio Oliveira

PASSAGEM 127
　🙢　Hare Piemonth

PARADOXOS 129
　🙢　J.G. Cutrim

SOBREVIVENTE DO FUTURO 131
A PALAVRA 132
　🙢　J. Luz

SER PAI 133
　🙢　J.A. Mielnik

ESPERANÇA INVENCÍVEL 134
SOMOS 136
　🙢　Jairo Sousa

ESCAPE 137
AJUSTE POÉTICO 138
　🙢　Jéssica Rodrigues

MANHÃ DE OUTONO 139
SONHOS DE VALSA 140
　🙢　Jimmy Charles Mendes

JOÃO 141
RETRATOS E DIVAGAÇÕES 142
　🙢　João Augusto Lima de Oliveira

EU (?) 143
NOVOS ARES 144
　🙢　João Odalí

REENCONTRO 145
2040 146
ஃ Jocifram Ramos Martins

SONHO DE RUA 147
CHOVE 148
ஃ Joel Aleixo

POEMARTE 149
MEDO 150
ஃ Jolie Nunes Cardoso

CHAMADA 152
JOSE E JOSÉ 153
ஃ José Ignacio Ribeiro Marinho

LEITURA 154
CONTORNOS 155
ஃ Juliana Inhasz

PALIMPSESTO 156
SENTIMENTO DO MUNDO 157
ஃ Júnia Paixão

UM CANTO DE TERNURA 159
CIGANA DA LUA 160
ஃ Katarine Carvalho

ENCENANDO NOS PALCOS DA VIDA 161
DIA DOS NAMORADOS 162
ஃ Káthia Soares Gregório

FLORESER 164
FILHOS 165
ஃ Keila Mota

SINTO 166
RISCO 167
    ᛰ Kermerson Dias

CORRE UM RIO DENTRO DE MIM 168
AS SOBRAS DE ONTEM 169
    ᛰ Laura Camardelli de Brum

O GOSTO DO SEU PERFUME 170
#POESIA95 171
    ᛰ Leandro Souza

EU COMIGO 172
    ᛰ Leonardo José Nogueira Fernandes

O ESSENCIAL É REINVENTAR 174
    ᛰ Lily de Andrade

DE FÔLEGO CURTO 175
    ᛰ Lucas Josijuan Abreu Bacurau

INVERNO 176
PALAVRAS 177
    ᛰ Luciana Alvim

VIDA 178
    ᛰ Luciene Farias

PARA RENASCER 180
    ᛰ Luis Guilherme Costa Berti

INVERNO (HAIKAI) 181
NOVOS MOMENTOS (HAIKAI) 182
    ᛰ Luis Lucini

COA-RENTENA 183
ENSINO REMOTO 184
    ᛰ Luiz Matheus Macedo Périco

OCO	185
É A MINHA VIDA	186

   Maikson Damasceno Fonseca Machado

RASTROS	187
LAÇOS	188

   Marcel Esperante

VOO CEGO	190
TEMPO MEMÓRIA	191

   Marcela dos Santos Lima

DESFRUTAR	193
NASCE UM AMOR	194

   Marcos José de Vasconcelos

EXÍLIO	195
VIA CRÚCIS	196

   Maria de Fátima Moreira Sampaio

TODA MÃE!	197
A VIDA!	199

   Maria José Oliveira

PROMESSA	200
PERMITIR	201

   Merian Ravera

SÚPLICA DE MEU OLHAR	202

   Milena Paim

SORRISO DE HIENA	204

   Mirelle Cristina da Silva

AMOR AO PRÓXIMO	205
BUSCA	206

   Orquídea da Chapada (Ana da Silva)

QUERO TE FALAR 207
 ༄ Policarpo

SOBRE SAUDADES 208
 ༄ Priscila Aline da Silva

VITRINE 209
TODAS AS FORMAS 210
 ༄ Priscila Moreira Gouveia

ANSIEDADE 211
VIDA COTIDIANA 212
 ༄ Raphael de Souza Pereira

O NAVIO 213
CORES 214
 ༄ Raquel Guedes Vieira

DIVINDADE 215
MEIO SÉCULO 216
 ༄ Raquel Pereira Carvalho

QUARENTENA 217
 ༄ Regina Garbazza

BEIJA-ME 218
SOLIDÃO 219
 ༄ Roseli Furini

EU ESCREVI UM POEMA NO CÉU 220
FOLHAS SECAS 221
 ༄ Roberto Dourado Santos da Silva

SENSAÇÕES 222
FORMAÇÃO 223
 ༄ Rodrigo Oliveira

O DESMORRER 224
A CASA DE NERUDA 226
   ✿ Ronaldson Sousa

HAIKAIS 227
   ✿ Samuel de Souza

VEM COMIGO PARA SNÍVAT' 228
SONETO AO AMOR VERDADEIRO 229
   ✿ Samuel SanCastro

CORTE 230
SONHEI 231
   ✿ Silmar de Souza Júnior

MURO DAS LAMENTAÇÕES 232
MAR TRANQUILO 233
   ✿ Solange Rabelo

O ÔNIBUS PASSA, MAS NÃO PARA 234
MEDO DO AMOR 235
   ✿ Táina Sena

I 236
II 238
   ✿ Talita Coelho

CÉU OUTONAL 240
CAMPOS DE GIRASSOL 241
   ✿ Tauã Lima Verdan Rangel

FLOR INÍQUA 242
UM CONTO UM PONTO 243
   ✿ Telma Marques

ABRAÇO 244
TUDO OU NADA 245
  🙦 Thais Sousa

CAMINHAM PELOS TRILHOS DO MUNDO 247
SALTO CONTRA O MEDO DE CALAR 249
  🙦 Thales Salgado

ESPERA, ESPERANÇA 251
ALTOS PENSAMENTOS 252
  🙦 Vaneza Lopes

O JARDIM DA VIDA 253
A VIDA EM POESIA 254
  🙦 Willame Coelho Alves Filho

A OBVIEDADE DO AMOR 255
O AMOR NÃO JULGADO 256
  🙦 Yuri Santos

ESTOU TRISTE 257
POESIA PRA ANIMAR 258
  🙦 Zenilda Ribeiro da Silva

MEIO AMBIENTE É VIDA
 Adriana Ferreira da Silva

As ciências da Terra, denominadas litosfera, hidrosfera, atmosfera e biosfera,
Ou simplesmente rochas, água, ar e vida, são extremamente essenciais.
Sem esses elementos no mundo não haveria vida!
O aquecimento global aumentaria seus efeitos potenciais.
A vida mundial correria riscos!

De norte a sul, Pará, Distrito Federal, Rio Grande do Sul, Minas Gerais, cortando o Brasil.
Diversidade de espécies animais e os impactos potenciais,
Das mudanças climáticas de leste a oeste, Paraíba, Goiás, Tocantins, Maranhão, Rio de Janeiro, São Paulo até os confins desse mundão!

Os fenômenos naturais mudam assim: altitude alta, baixa, tanta pressão!
Tantas mudanças, só aumentando o calorão!
Dia, noite, tanto faz.
A Terra tá esquentando demais!

O ecossistema é uma unidade natural que envolve todas as formas de vida: plantas, animais, organismos e microrganismos vivos ou não, no ambiente sofrem alterações.
O homem, um ser racional que irracionalmente influencia propositalmente ou involuntariamente a vida dos outros, tornando-se e deixando os outros vulneráveis.

Desafio? Dos grandes!

Proteger a natureza, a vida!

Responsabilidade de todos, diante da realidade e situação.

Intervir diretamente na sua própria vida e da nação!

Agir eticamente para não causar danos na natureza e na vida da população.

Diante da realidade, agir adequadamente é a solução. O grande desafio da nação!

Restaurar os ecossistemas, de maneira racional, harmônica, mudar de postura, preservar sua vida e de todas as criaturas vivas desse Planeta, atitude divina, sobrenatural!

Salvar a humanidade do caos, com força de vontade, mudando de comportamento, atitudes para evitar comprometer a natureza e toda sua diversidade!

Ser um ser humano, humano de verdade!

Afinal, meio ambiente é vida!

As gerações futuras merecem usufruir da beleza natural existente.

Água limpa, ar puro, animais e tudo que tem no mundo, a vida de todas as formas.

Viver bem, harmonicamente com si próprio, com o próximo e a natureza!

É a maneira correta com certeza!

Ter ar puro para respirar, com certeza é melhor do que poluir!

Não convém, por falta de ar no Planeta, prejudicar a natureza que nos proporciona tanta beleza!

Preservação, conservação, mudanças de posturas, salvar o mundo através da "Educação".

Meu sonho de consumo!

Saúde, harmonia interior e física, viver de maneira adequada, sem preocupações...

Na verdade, apenas fazer valer os direitos e deveres garantidos em Lei,

Cada um contribuindo com atitudes coesas,

Não há de faltar comida na mesa,

Ar puro para respirar e belezas para apreciar!

Esse é o mundo que sonho e que todo ser vivo merece viver!

É possível, sim! Basta cada homem em atitudes crescer!

Meio ambiente é vida!

Vamos preservar para a vida humana não acabar!

SAUDADES DE PROFESSOR

 Adriana Ranzani

Sabe?
Aquela sala cheia de alunos,
Aquela correria com o conteúdo programático
Dois tempos aqui,
Mais dois acolá…
Meninos correndo,
Conversando sem parar,
E o professor?
Correndo para controlar tudo,
Pedindo que cheguem logo,
Férias!

De repente, tudo mudou,
Chegou uma pandemia,
Chegou a mensagem:
FIQUE EM CASA!
Agora, a escola ficou
Com salas vazias,
Se ouve até o som dos pássaros…
Ai!!!
Que saudade das conversas sem parar,
Do menino perguntando,
— Vale nota, professora?

E, mesmo com esse isolamento,
No cantinho da sua casa,
O professor tenta
Matar essa saudade,
E se reinventar...
Surgem aulas remotas.

Uma forma de aproximar
O que está distante, meu aluno.
Agora, o menino não pergunta mais:
— Vale nota, professora?
Só diz: — A internet caiu.

27 de fevereiro de 2020

MENINA BONITA
⁂ Adriano Serrão

Oi, menina bonita.
Cadê o seu laço de fita?
Oi, menina bonita.
Por que estais tão aflita?

Menina bonita.
Coloque um sorriso no rosto
Seja feliz, se permita.

Não fique triste e cabisbaixa pelos cantos
Sorria mais para a vida, chega de sofrer, chega de prantos.

Irradia o mundo com a tua felicidade
Esse olhar triste não condiz com a tua essência de verdade.

Oh, menina bonita. Tu és tão bonita!
Que a tua beleza é uma paz infinita.

Coloque a capacidade da tua beleza em primeiro lugar
Nada de viver dias sombrios e isolados e nada de se torturar.

Não se torture, não se isole pelos cantos, não murmure.

Vamos lá, deixa eu te ajudar
Senta do meu lado, vamos conversar
Exponha tudo que sente
Eu vou te escutar.

POETA DE ESQUINA
 Adriano Serrão

— Eiii, pra onde tu vais com tanta pressa, poeta de esquina?
— Vou ali contar uns versos e arrancar uns sorrisos fáceis de uma menina.

Ah, poeta, para com tuas "pavulagens".
A gente sabe que tu és bom,
A gente sabe do teu dom
E sabemos o peso da tua bagagem.

Poeta, tu és muito pra frente, tu és muito traquino.
Mas vai lá, recite seus versos, porque poetizar é o seu destino
E olha que não é de agora, é desde quando tu eras menino.

Seu poeta de esquina, saiba que teus versos
Fazem sorrir aquela triste e solitária menina.

Vai lá, poeta, pode ir correndo, que ela está te esperando.
Chegue lá todo prosa e cantarolando.

Diga a ela que se atrasou,
Porque no meio do caminho alguém te interrogou.
Te interrogou e te liberou por entender
Que pra ela a sua poesia
É algo que faz com que ela continue a viver.

CORPO APAIXONADO
 Adriele M. Bernardi

A brisa veio solene como um sopro de verão
Tão fresca, leve e alegre na mazela do sertão
Talvez seja a falta de um frescor,
Ou talvez estivesse inspirado,
Mas aquele suave vento teve só um sabor
O sabor de um corpo apaixonado.

Permiti-me suspirar e olhar para o céu
O azul dava lugar a nuvens brancas de papel,
Flutuando como bichinhos de algodão.
Talvez estivesse em romantismo exagerado,
Mas ao fundo daquela sutil canção
Ouvi a voz sublime de um corpo apaixonado.
Por onde vou andar quando as luzes se apagarem?

Quando a tua célebre presença, sem pudor, as levarem?
Sem direção, necessito de socorro, do teu abraço apertado.
No calor do seu rosto, mais que um corpo apaixonado.

O que vou fazer quando me deixares a sorrir em expectativa?
Talvez nem consciência tenha de que sua partida
É muito mais do que um adeus apressado.
Não há real despedida a um corpo apaixonado.

Mesmo assim, voo sublime pelos céus da *dolce vita*.
Talvez devesse chorar pelo desfecho dessa triste narrativa,
Mas como chorar se vive em mim o universo não mensurado?
Todo o seu encanto e leveza palpita nesse corpo apaixonado.

Pernas para que te quero se tenho asas para voar?
Asas a mim dadas para apenas relembrar
De que dois corpos ainda se encontram sem ser encontrados
Onde a morte da carne une dois corpos apaixonados.

QUEM SE É?

 Adryan Maciel

Um dia a gente acorda e não sabe quem é
Pois o que era já não se é.
Agora nos cabe descobrir o que se é.
O presente do que se é
Descobrir o que se é
Pode se tornar uma grande aventura.
Da descoberta do eu, do que se quer e do que se pode ser,
Aventuras que passam por grandes encontros
Do mundo interior com o mundo exterior.
Onde se encontram, se misturam, se separam, se entrelaçam...
Numa grande explosão de sentimentos e emoções!
Nos encontros e desencontros,
Nas chegadas e partidas,
Nas idas e vindas,
Que a busca do que se é pode proporcionar.
Emergem personalidades difusas,
Que perpassam a multiplicidade do eu,
E assim vai construindo e reconstruindo,
O que se é.
A aventura é profunda e constante
Busca que se faz a todo instante.

SEXTA-FEIRA
 Al Ndjali

Na feira, levamos a sexta em frente
na Cesta, levamos também a semente
andamos em sexta...
Sem a tamanha esta
sextante meço, quando se fala de celestes
sexteto oiço do Sul ao Leste sem as vestes...
Mesclamos esse dia
em frutos risonhos de aia
"pois, a felicidade não se adia", mesmo estando em cobaia...
Ou ainda em ameia, por mais que no calor usasse a meia
num clássico da arte grega (Afaia)
lia à Maia!
É sexta feira!

VOLTAR-ME!
 ☙ Al Ndjali

Se um dia voltar
não é por saudades, ou lembrança,
é por levar o meu pensamento no passado
muitas coisas acordei e concordamos,
tenho de voltar a acordar sem sonhos…

Se um adiar soltar,
não é por maldade, ou lembrança
é por ler a tua história,
muitos capítulos saltei,
tenho de voltar a ler
e reler a tua decisão como queiras;
para nunca mais pensar na imaginação,
Pois nos levam a pecar em fração…
que do bem mal, há um bom presente mau.

BRINCADEIRA DE CRIANÇA

Alan David Duarte

Amar não é brincadeira de criança
Você pode se ferir
Bem mais que um arranhão
É um corte dilacerador
Dor
Nada pode suturar
Parece que corta a alma
O coração fica sangrando sem estancar
O peito arde inflamado,
sufocado,
apertado
Não há nada que possa aliviar
Dizem que o tempo cura.
Será?
Como se cura uma ferida de amor?
Que ironia! Com amor!
Será?
Sei lá
Ainda não recebi alta.

SORRIA DE VOLTA
∽ Alan David Duarte

Um dia o amor vai sorrir pra você.
Sorria de volta.
Deixe o amor iluminar a sua vida.
Se o amor lhe estender a mão,
Segure firme.
Deixe-o te conduzir

Nessa valsa de emoções e sentimentos.
Deixe que seus dedos se entrelacem,
Que sua mão deslize pela sua pele
E que seus passos sejam pautados
No ritmo das batidas do coração
E toda vez que o amor sorrir pra você
Sorria de volta

ANJOS TORTOS

　Alexandre Francisco de Campos Pires de Godoy

novas drogas pra velhos vícios
nenhuma novidade
às vezes o que tudo inspira
fica difícil até de respirar

e quantos excessos
vamos insistir em cometer?
sem conseguir preencher
o que realmente falta

na desilusão e no delírio
descrença e fanatismo
essa semelhança tão cega
de todo nosso desequilíbrio

mesmo que possa parecer
não se deixe enganar
os demônios também são anjos
mas a maldade nunca será santa

ANTES DO AMANHECER
ꙮ Alexandre Francisco de Campos Pires de Godoy

Então era isso
E no fim
A gente foi em frente
Num rumo diferente
O mesmo céu
Outras nuvens
Planos de sol
Planos de chuva
Seja como for
Por mais que mude tanto
O tempo nunca deixa de ser
Só por enquanto

ACORDE

 Alice Castro

Acorde todo dia bem
como se fosse feriado
Acorde todo dia feliz
como se fosse seu aniversário!

Acorde de boas
gargalhando adoidado
distribuindo às pessoas
seu sorriso mais engraçado
aquele contagiante, completo
que deixa animado quem está ao seu lado
e a todos que vão te ter por perto!

Abrindo-se para a vida
desembarace-se do que te prende...
Comece sendo positiva
otimista, alegre, persistente
E se não sabe como, não esquente
Afinal, aqui tudo se aprende!

Por isso, acorde todo dia
Sorrindo e mostrando os dentes
Pois todo sorriso aberto assim
É um sorriso contente!

PRECE POR BRUMADINHO

   Ana Amorim

E de repente a cidade virou lama,
Lama que levou embora as pessoas que a gente mais ama.
Ama e que para elas e por elas tudo vale.
Mas a Vale deixou lágrimas e sofrimento que em nenhuma cidade cabe.
Cabe a nós a esperança e o desejo de saber:
Por quê? Por quê? Por quê?
Eu sei que um dia a gente vai embora,
Mas precisava ser assim: de repente, depressa, sem demora?
Sem despedida, resta apenas a lembrança e uma saudade que fica.
Fica o retrato na parede emoldurado ou ainda na gaveta guardado
Como uma homenagem merecida. Às vezes, nem isso. Por isso...
O meu respeito a tantos corpos perdidos, de rostos desconhecidos,
Diante de uma dor que não acabará de repente
E que aumenta quando não se tem empatia ou quando se é indiferente.
Eu sei que pelas escolhas da vida pagamos um preço,
Mas por todas essas histórias vividas eu tenho apreço.
E a todas as famílias, sofridas, esquecidas, desamparadas,
Eu dou valor. E desejo:
Que o aperto da saudade de cada ente querido
Seja preenchido com o mais puro e imenso amor.

AMIGO

 Ana Amorim

Amigo sincero, amigo verdadeiro
Amigo fraterno, amigo companheiro.

Amigo que vai, amigo que volta
Amigo que é pai, amigo que se importa.

Amigo fiel, amigo leal
Que eu tiro o chapéu, amigo especial.

Amigo que clama, mas não é ouvido
Amigo que ama, embora esquecido.

Amigo que faz uma singela oração,
Uma prece, uma reza, que expressa gratidão.

Amigo de coração, amigo do peito
Amigo irmão, amigo de respeito.

Amigo de coragem, de boa conduta
Amigo de viagem, amigo de escuta.

Amigo de fé, amigo da paz
Que só traz o bem e tão bem nos faz.

Amigo de infância e de muitas histórias
Que carrego comigo, guardadas na memória.

Amigo cuidadoso, como é bom ter por perto
Amigo carinhoso, de muitos afetos.

NAS CURVAS DO TEMPO
 ～ Ana Cordeiro

Me deito nas curvas do tempo
Como quem espera
O fim de um longo caminho
Na esperança de encontrar
Sabe-se lá o quê?

Fico à espreita
Do balançar das horas
Que lenta e preguiçosamente
Se recusam a passar
Como a me dizer: Pra que a pressa?

Nas curvas do tempo
Posso perceber as transformações
(indeléveis) do meu casulo
Irrompendo de uma hora pra outra
Em emoções que teimam em aflorar

Mesmo sem saber
O que aqui fora
Haverá de encontrar
Ficando sempre a ruminar
Quando é que tudo isso vai passar?

Ana Cordeiro

O tempo
Não é amigo nem inimigo
É somente abrigo

POEMINHA FEITO À MÃO
 ও Ana Maria Reisky von Dubnitz Führ

Marisa tão querida por nós
Vale por umas 100 avós

Teve 7 filhos em apenas 10 anos
Feito árvore frondosa com muitos ramos

Bem nova disse "sim" no altar do sacramento
E sabe ser exemplo em cada mandamento

Final do ano ela abre a caixa e tira o pó
Do Jesus menino, de Rafaela sua avó

Assim ela prepara o tão esperado Natal
E junta toda a família num ar celestial

Cultiva com esmero a arte presepista
E cada ano é mais um lindo para sua lista

Amiga de todos e sempre generosa
Perfuma vidas como uma rosa

Casa cheia é o que ela mais ama
Com sua famosa "cantina da mama"

Muito amiga de Deus e Nossa Senhora
E devota de São Bento a qualquer hora

Acolhe os monges com amor maternal
E ama crianças correndo em seu quintal.

No seu jardim que parece pintura,
Ela faz arte e muita costura.

Será a Itália sua predileção?
Desconfia disso até o seu pavão

Viaja o mundo para fotografar
E depois suas telas poder pintar

Por onde passa ela toca um coração
E faz de sua vida uma eterna comunhão.

SUA CASA É VOCÊ MESMO
 ❦ Ana Maria Reisky von Dubnitz Führ

Voltamos de onde viemos:
Lá de dentro de nós

Habitamos todo um coletivo
E na verdade somos sós

É o novo percurso de vida
Que nos isola dentro de nós

Somos jardim privativo
Em nossos próprios caracóis

O tempo resiste bem duro
Feito velha casca de noz

O ar sopra puro outra vez
Mostrando o tom dos rouxinóis

Buscamos sentido na casa
Pelo telhado e pelos lençóis

Lembrando com saudades
O que já foi um dia de nós.

PALHAÇADA DO PALHAÇO?

∽ André Santos Silva

O palhaço
acordou com dor no peito!
Isso acontece
até mesmo com quem vive
de palhaçada, de arte e de risada.

A tristeza hoje o pegou de jeito.
E daí se é palhaço
e traz a graça no peito?
Palhaçada, risada,
isso pode ser profissão.
Mas o sentimento, não!

É vivo, queima o peito
flagela o sujeito
e ainda o arrebenta
quando o pega de jeito.

O palhaço pintou
o seu retrato, triste.
Talvez com um rosto
que nunca ninguém soubesse
que existe.

E o triste é que,
mesmo sendo palhaço,
às vezes a solidão o acompanha
de um jeito invasivo, cheio de manha.

Mas tenho certeza,
que isso há de passar.
Palhaço que é palhaço
também deve chorar.
Todos temos aquela hora
de nossas forças renovar.

Enquanto a palhaçada, o riso,
amanhã, haverão de voltar
e o palhaço, na sua arte,
há de nos alegrar.

ESTAÇÕES DA VIDA

൸ Anelise Diniz

Numa retrospectiva de vida
Vejo os dias passando
Dia, noite
Inverno, verão...
Estações de vida,
Fora de sintonização.

Dias que viram noites
Amores que vão somando
Noites mal dormidas
Vidas mal vividas.

Estações da vida
Estações do tempo
Folhas que caem
Amores que ferem
Idas e vindas
Relógio sem tempo.

Trem lotado de decepções
Vidas vazias nas estações.
Nos trilhos do coração
Amores roubados
Vidas Roubadas
Amores vazios sem pulsação.

Inverno, verão.
Chuva nos olhos
Vento no coração
Calor na alma
Frieza calma
Florescer nos sonhos.

No rádio da vida
Estações florescem
Na música dos corações
Amores se atrevem
No trem da ida
Numa vida com estações.

O FIM
 Anelise Diniz

Dá melancolia só de pensar
Que um dia eu cri que nunca ias me deixar.
Dá medo de acreditar
Que no "felizes para sempre' não vamos estar.
Eu tentei de tudo para ficar
Ao teu lado, sem desabar.
Mas preciso encarar
Que de amor não pude bastar.

LUAR

∽ Antonio Carlos Lopes Petean

Namorar ao luar
Desejo milenar
Ato secular
Só desejo que
o meu errante desejo
não desabrigue
nem desalinhe
o que mais desejo:
um novo luar
que seja um milenar/namorar.

CASTIGO
 Antonio Carlos Lopes Petean

Me cerco de arte
Me refaço em meu baluarte
Sabendo que nem a arte
Me amará longamente
Por isso busco um abrigo
E me desabrigo
Sabendo que amar é um saboroso
castigo
impositivo

TEU SILÊNCIO

Antônio Lídio Gomes

Eis que este amor fenecido, lutuoso,
E com minh'alma soturna tão dolorosa;
Diante desta visão cadavérica, formosa,
Verto ainda amor, póstumo, saudoso...

Em negra veste, sombria e merencória,
Minh'alma contrita verte-se em pranto...
Nesta contemplação de fulgido encanto,
De tanto sentimento nesta dedicatória...

Na serenidade de sombrio paramento,
Ainda caberá tanto deslumbramento
Que todo este amor em palavra tece...

Pois em teu lábio convulsivo, e mudo,
Ainda vejo como que bendizendo tudo,
As sílabas simbólicas de nossa Prece!

BRILHA UMA NOVA ESTRELA!
⁕ Bernardo M. N. Santos

Nasci na madrugada de uma quinta feira, no mês de maio do ano de 2007

De uma cria de 7 cachorros; eu era preta e fiquei cinza

Meu nome foi escolhido por uma criança, um menino de 7 anos que não sabia falar

Kika assim era chamada, vivia na casa de uma família rica de amor e sabedoria.

Eu era tratada como uma rainha; rainha que sai quase todos os dias.

Saía escondida pela aquela escadaria, quando percebia eu já estava na avenida

Avenida que não tinha muito carro

Porém sempre aparecia uma Surpresa

Surpresa que era uma donzela

Uma cadela que também morava na avenida,

Família Silveira que lá vivia, que por diversas vezes eu era chamada de rainha

Tinha o meu dono que lá não vivia

Eu vivia com os avós que todos os netos queriam

Vô Aldo e Vó Maria eram o nosso patrimônio, cheios de cansaço e sono

Dormíamos todos os dias à tarde, naquele sofá

Sofá que já tínhamos o nosso canto reservado

Como era gostoso dormir, brincar, correr, passear com o avó Aldo

Hoje estou dormindo sozinha

Pois em uma manhã, que dei uma saída escondida

Fui arremessada por uma roda que ali surgia e até hoje estou em busca da minha felicidade

Felicidade que acabou pois fui atropelada na avenida

Hoje sinto muita falta da Família, Saudades será eterna e infinita

CONFISSÃO SOB TORTURA DE INSÔNIA E LOUCURA

 Bianca Morais da Silva

Que Afrodite, minha querida deusa amada, me perdoe pelo constante lamento sobre tudo e nada...

Sobre o amor e o prazer, sobre a eterna dor e sobre sofrer...

Que me perdoem os garçons de todo e qualquer bar que eu não canso de frequentar e na ânsia, na saudade, me embriagar, e de ti em eternos e bobos versos falar...

Que me perdoem os amigos leais cujos ouvidos cansaram dos meus diários "ais" que levam teu nome e já são tão banais...

Que me desculpe o meu corpo que só suspira ao te lembrar, que só sabe gozar ao te sentir, que só sabe te querer e venerar...

Que me perdoe minha mente, que estou a intoxicar com o silêncio de quem ama e não consegue falar, pois é mais fácil viver meus dias a calar e lembrar e sofrer e chorar...

Que me perdoe minha vida pela tempestade em copo d'água de mulher louca com hormônios descontrolados cuja libido anda descabida e cujos passos são desenfreados...

Eu sou feita da loucura, e para meu desespero eu não acho mais cura para tal condição impura que tanto me assombra e te procura...

Que me perdoem; por doer demais, por amar demais, desejar demais, deitada e nua no chão frio a sonhar... E me perder, e talvez me achar...

MAIS UM VERSO CLICHÊ ENDEREÇADO AO HOMEM QUE EU AMO (OU ACHO QUE AMO, NÃO SEI)

༄ Bianca Morais da Silva

Fome eterna e inquieta
Vontade por ele, que não está nem perto
Em qualquer lugar que esteja nesse planeta,
Quero o homem que eu amo nesse delírio incerto

Não existe possibilidade de manter a calma
Quando o homem que amo desconhece meu sentimento
Não há paz que faça morada na minha alma
Enquanto eu não conseguir dar fim a esse tormento

Escrevo como louca poeta apaixonada que se matou num passado distante
Não pretendo morrer, pois me amo bem mais
Mas preciso abrir meu peito e declarar
Essa loucura repentina ofegante
Sem me prolongar demais

Que não consigo parar de pensar
E não consigo deixar de te amar
Vem, me devora a versos e deixa de ignorar
Que tudo o que faço é para te mostrar
Que te quero na minha vida e não sei como declarar...

[Depois desse golpe, é impossível
Parar
De sangrar...]

BEIJO – POESIA É COISA DE MOMENTO
Bruno Eduardo (@brunoedu96)

Eu queria escrever
Estava procurando poesia pra ver...
Mas nada e mais nada foi o que encontrei
E me vi entediado.
— Vamos andando...
Vi também um pipa caindo no telhado
Vi o café sendo passado e o cheiro passando... e encantando
Vi a garota cantando em frente seu celular e depois pedindo pra seguir, curtir e compartilhar
(ela sonha viver de canto, ou melhor de cantar)

No outro canto, vi a criançada batendo palmas no portão pra chamar alguém da casa e tentar pegar o pipa
Vi o pessoal conversando, dando risada... tomando café com pão e torrada
Vi a garota chorando (de soluçar) por receber uma chamada de vídeo de sua avó que disse (com voz baixa e falha): — Estou com saudade
— Pare um pouco. Repara...
E o que mais vi, não pude anotar. Não deu tempo
Mesmo assim, aproveitei cada detalhe, cada minuto que passou, assim como o tédio que se foi
E a poesia não encontrei... Ela simplesmente chegou para a conversa
Eu queria escrever, mas não consegui. Vivi.
(Aqui outro beijo.)

SINE QUA NON*

🙢 Bruno Eduardo (@brunoedu96)

Às vezes é parcialmente compreendido,
muitas vezes desprezado.
Tantas vezes é citado
e às vezes é exercido.
Ora é ignorado,
ora é percebido.
Pensam que podem matá-lo, às vezes até parece abatido.
Pode habitar em lugares inóspitos e tornar esses os mais apreciados
e bonitos. Não por eles mesmos, mas porque Ele está presente
fazendo de cada gesto um presente de vida,
pois sabe que dependendo d'Ele nunca haverá despedida.
O Amor não nos abandona.
Ah, e por falar em amor, "Amor é estado de graça", como disse
Drummond. Honrar a vida em simplicidade é um dom
Oportunidades recebidas por Graça: *sine qua non*
E em liberdade poder falar em claro e bom tom
que das nuances da vida muito se experimenta
Tempestade faz bom marinheiro, mas é difícil suportar a tormenta
Porém em tudo pode-se ter o aprendizado
Para um caminhar sadio a passos equilibrados,
pois a existência é um estado de Graça Que o Amor permitiu...
Viva!

Texto do livro *Feto Afeto*, Bruno Eduardo. São Caetano do Sul: Lura Editorial, 2019.

* Escute o poeta recitando *Sine qua non* no YouTube, canal BEPoiesis.

SÚPLICA

 Caíque Costa

Rompe-se dos céus
O soar das estridentes trombetas dos anjos
É o sinal do findar de um Império
E despertar dos martírios humanos
O inferno, enfim, vigorará!

Vês, Majestade, enganaste a Ti próprio
Os enormes pilares
Que antes sustentavam soberba riqueza
Hoje denunciam rachaduras
Em meio a tão frágil barro com que ergueste.

Sintas, Supremo Rei,
O amargo sabor da traição
Daqueles que devem a Ti a existência
E intimamente espalharam Teu segredo
Compartilharam da Tua fraqueza.

Criaste-os como matéria
Domesticaste-os segundo Teus ingênuos conceitos
Deste-lhes a carcaça,
O incestuoso corpo,
Mas esqueceste de lhes colocar alma.

Tu não criaste o Homem,
Criaste o Diabo
À Tua imagem e semelhança
E vendo quão perfeita era Tua criatura,
Descansaste.

Estando ilhado de mentiras
Por quê, então, não me transformaste em anjo?
Por que rejeitaste tão pura servidão?
O que Te obrigas a renunciar socorro?
Escolha uma face e responda!

Deus do inferno,
Por que não carregas minh'alma contigo,
Não me tornas o que carnalmente não fui,
Um ser feliz,
Para servir-Te até a Tua morte?

Teu cajado não mais suporte
O peso da Tua lamúria
Já não podes acudir a quem Te ama
Sentes-te inseguro, tens medo
Quem és, afinal?

Respondo eu a mim mesmo:
— Não és nada!

COMPLEMENTO

Carlos Magno da Mata

Busco por um sujeito,
Carregado de predicados,
Que atinja meu objeto direto,
Meu coração indeterminado.

Com adjetivos elípticos,
Para um amor composto,
Com artigos bem definidos,
Que se expliquem com apostos.

Com suaves vocativos
E flexões verbais,
Com discursos ao pé do ouvido,
E suaves adjuntos adnominais.

Que eu seja a primeira pessoa,
Do seu amor mesoclítico,
Com metáforas de uma vida boa,
Cheia de eufemismos.

ANJO ROSA

Carlos Magno da Mata

Quando nasci, um anjo rosa,
Destes que se maquiam
Disse: vai, Carlos, viver sua vida!

O povo espia os homens
Que desejam outros.
A tarde termina vermelha
E começa a noite quente.

Na calçada vejo saltos,
Do trinta e sete ao quarenta e quatro,
Vermelho, azul, laranja e rosa.
Meu pensamento compreende tudo
Mas minha boca não diz nada.

O coração que bate no peito
É puro, simples e romântico
Já não se envolve,
Está calejado,
O coração que bate no peito.

Deus meu, Deus meu
Confiei tanto em ti
Muitas vezes chorando, sorri!

Bunda, bunda, muita bunda
Quando saio à noite
Me chamam Raimunda
Bunda, bunda, muita bunda,
Com as mãos firmo no chão.

Tudo isso,
Não devia dizer,
Não devia falar,
Mas quando o dia amanhece…
Somente me resta recordar.

A VIDA
 Charles Oto Dickel

Do tempo de outrora
Ao tempo atual
Muito mudou
Se perdeu a moral

Do certo e do errado
Pouca distinção
A ética se foi
Não prevalece nem a razão

Daquele que tem mais
Para aquele que pouco tem
O valor nada importa
Faz-se o que convém

Poder e riqueza
Não valem um vintém
O juízo final
Não poupa ninguém

O TEMPO
 Charles Oto Dickel

Deitado em minha cama
Ouço um relógio, tic, tac, tic, tac,
Um silêncio perturbador me rodeia.
Num instante este silêncio é quebrado.
Vozes, muitas vozes na rua.
Mesmo que não consiga entender o que dizem estas vozes,
Imagino algo alegre, pois ouço gargalhadas.
Noto que o relógio continua ali, tic, tac, tic, tac.
Em minutos o silêncio torna a reinar à minha companhia.
Quase adormeço nesse silêncio.
Novamente o silêncio é quebrado.
Carros que passam na rua, uns mais quietos outros nem tanto.
E meu amigo relógio, tic, tac, tic, tac.
Sinto-me a vontade em lhes dizer que:
Este relógio ali parado pode ser você, ou eu, tanto faz…
Porém, não posso deixar de dizer que ao contrário do relógio
Que tudo acontecia ao redor dele
Você tem que girar ao redor de tudo.
Você tem que fazer a diferença.
E acredite, você pode fazer a diferença.
Eu acredito em você, especialmente em você.

QUEM DIRÁ?
Claudia Gil Braz

E essa vida tão curta... o que fazer dela?
Não há tempo nem de abrir uma janela
O dia esquentou, a noite esfriou, nada se viu
Eu não sei o que se faz
Com tão pouco tempo atrás
Se correr o tempo pega
Se não fizer o tempo engole
E a vida passou sem de fato ter sido vida... ou será que foi tudo o que poderia?

Viver é um verbo intransitivo... apenas vive-se.
Não há o que ou para quê... só nos resta VIR e VER.
Mas nós somos transitivos e que bom que somos assim: trânsito intenso em nós mesmos.
Na verdade, não existe entre o céu e a terra essas coisas a mais do que julga a nossa vã filosofia
Na verdade, não seremos nós o próprio céu e a própria terra para aqueles a quem amamos? Por acaso não gravitamos ao redor daqueles que nos fazem bem?
Por acaso não descobrimos novas e magníficas formas de olhar o mundo através dos formatos das nuvens que imaginamos neste céu que pode ser o outro?

Sim, é curto o tempo, é passageira a vida, é intransitivo o verbo
Viver vale a pena? Eis o que me pergunto todos os dias e todas as
noites durmo sem resposta.
Há dias em que me tenta o sonoro não! É muita dor, muita angústia,
muito sofrimento para tão pouca alegria, tão pouco tempo, tão
pouco mundo.
Há noites em que o frágil sim me seduz e então... bem... há
flores, música, cores, risos, abraços, carinhos, amor, ilusão, sonhos,
lágrimas, emoção, obrigada, sinto muito, oh meu bem.... O que
faço? Esqueço o ar ou corro para o abraço?

"Eta vida besta, meu Deus!", o poeta já me disse
Mas como gosto muito de crendices
Continuo a tentar.
Cada um possui o próprio tempo.
Quanto?
Quem dirá?

(CGB, 1º de janeiro de 2012

MÃE TERRA

　༒ Cláudio Almeida

Oh Mãe Terra!
Fostes tão generosa com teus filhos
sempre amparando todos sem distinção!

Nos fornecestes o chão, o alimento do corpo e da alma,
mas o que fizemos foi contaminar a catedral da vida!

Fostes tão exemplar com a tua criação,
deu a mesma oportunidade a todos da prole,
mas não compreendemos,
competimos mais que repartimos!

Agora choramos, oh Mãe!

Sem saber como consertar os erros,
sem compreender vossa mensagem há tanto proferida por ti
pedindo piedade,
sabedoria e respeito pelo santuário da vida na Via Láctea!

Agora viajamos, oh Mãe!

Silenciosamente pelo universo,
na mais infinita solitude e sem nenhuma resposta!

SAUDADE

 Cris Menezes

Hoje madruguei saudosa
Da antiga rotina
Do trabalho
Dos rostos alegres
E até sisudos
Do bom dia à vizinhança
Dos abraços amigos
Dos encontros familiares
Da tapiocaria no fim de tarde
Da estação e seus passageiros
De passear no Benfica
Da vida que tinha
E do sol
Pois o dia amanheceu chuvoso.

Abril de 2020

ESPERANÇA
∾ Cris Menezes

Esperança é
Crer no Senhor do universo
Acender a fé
Acreditar no amanhã
Esperança é
Roupa nova guardada
Pensamento latente
Luz no fim do túnel
Esperança é
Força vibrante
Energia positiva
Elixir universal

ALMA GÊMEA

🙵 Cristina Lúcia Dias Vaz

Para Hugo Diniz

Somos *yin* e *yang*
Eu gosto de vinho branco
e ele de vinho tinto
Eu sou uma flecha
direta e certeira
ele uma dança
cheia de recuos e aproximações
Eu sou um número complexo
ele o *phi*, o número mágico
Tão diferentes e tão iguais
Antíteses e paradoxos
seguimos compondo
a nossa história
um poema complementar
e contraditório

LUTO

≈ Cristina Lúcia Dias Vaz

Para Roberto Vaz

Tínhamos um tempo
Eu não sabia quanto
Tínhamos uma urgência
Não percebida.

Quando a vida permitir
E me der tempo
Te busco novamente
Nas nossas lembranças
Para chorar a tua ausência
Para lamentar o tempo perdido
Para perdoar as ofensas.

A vida é cheia de prazos de validade
E incontáveis surpresas.

No nosso luto, misturei lágrimas e arte
E a morte deixou de ser só perda.

FERIDA SEM FIM...
 Daiane Silva Santos

Não posso me transformar em um monstro,
Assim como você é...
Existe um ser úmido em meu peito... és o coração...
Não quero olhar no espelho e ser seu comparativo...
Os dias irão passar e agradecerei a Deus por ficar longe de você...
Meu eu... morre em mim... em te... aos olhos do Pai...
de quem acredita...
da dor...
da flor...
do amor que nunca existiu entre nós.
Respiro fundo e tento não andar para trás...
Mais um dia chega e preciso continuar essa jornada sem fim...
está doendo?!
Dói em todos...
nos acordes do vento...
na inocência de uma criança...
em um ser berrante e...
até mesmo,
em mim...

CHÃO DE CIMENTO
꙳ Daiane Silva Santos

Deitada em meu chão de cimento
Descrevo idas sem voltas
Com todas as facas apontadas para o meu peito,
Sem saber se terei outra chance.
Meus pensamentos estão mais loucos que o necessário
Acho que pirei de tanto pensar em você
É isso que você causa
Sensação de infinito.
Olho sempre para o lado
Brigando para não imaginar
Nossos dedos se entrelaçarem.
Meus pés continuam no chão de cimento
Enquanto perco o juízo de vez
Sem problema!
Acho que ainda tenho pedaços de você
Cobrindo minhas feridas
Feridas que você deixou em mim.
Tenho um chão de concreto
Para solidificar meus pés cansados
De correr atrás de você
Outra chance como essa
Nós nunca teremos.
Continuo deitada em meu chão de cimento
Perpetuando as tarefas do dia
Ocupando os espaços em branco
Tapando os buracos com notícias fúteis.
Se um dia te der a mão

prometa não a soltar jamais,
É a sua última oportunidade
De embarcar no trem da felicidade,
Quem perderá tempo com fracassos?
Meu chão de cimento agora é de aço
Mas você correu perpendicularmente
Droga de amor abissal!
Estou mais louca que o normal
Todos perceberam meu excesso de exageros por você
Esse é um fardo que carregarei para sempre
Ninguém entra e nem você sai,
Assinei um termo
Com meus pés voltados para o passado
Em meu chão de cimento queimado.

OUTONO
 Daniele F. Vasques

É de outono que me disfarço
vento na manhã
violando a luz
passos tangidos na premência da música
e sendo já primavera
colorindo estes muros sem adormecer.

Nas calçadas inelutáveis dos dias
ao som do que encanta e do gemido das folhas
o vento se despedindo do que fora árvore
o destino dos pássaros, alto,
de caminhar entre o vento.

No outono de que me visto
nunca esqueço
as horas maiores
de voltear
nas complexas danças,
o vento voluteando

Eu peço ao tempo, o maior do dia
a hora mansa e quente
os chãos, os céus, os ares
em cores,
semelhantes, todos semelhantes
desfolhando violetas violáceas
Rogo ao tempo
o tempo do vento
e ficam rastros
ficam restos

"…e pretendo adormecer no solstício de alguma estação, um pouquinho antes do fim do mundo."

SLOW
 Daniele F. Vasques

Nunca me desespero, me canso ou me escondo
procuro guarida nas vozes do que desejo
pastores de sonhos e suas armadilhas,
mergulhados nas nuvens de toda imensidão
Nossa Imensidão
Com a ária da paz
ao presente que nunca se despediu,
disperso as palavras leves e valentes
até amanhecer…
E saio às ruas molhadas de cada manhã
os olhos molhados, as pedras molhadas
calçadas molhadas na chuva molhada.
na vida molhada na terra molhada..
Tropeçando em sentimentos
que nada mais real existe
nem as tardes ensolaradas
sempre abertas…
Todas as ausências
E nenhuma.
Toque a minha mão
e a noite se esvai
em outros tons
estrelas que caem
aqui do lado
e iluminam como fogo,
o fogo das mãos.

Cobre o peito de ais
e um vento perturba a madrugada,
o doce tormento de quem
tem em si o mundo
e a ele se entrega
como me entrego
Leva-me do profundo sono
à aurora aberta...
"Tudo" nunca passou.
Sigo a salvo,
não busco pouso nem louvo a sina
nela me desfaço e refaço
Dela me disfarço na minha voz:
grave e rouca
Poeta.

TREM DAS ILUSÕES
෴ Davi Oliveira

O trem das ilusões parte sem preocupação clara
das rotas feridas que trilhará.
Acoplando extensos vagões,
O trem fumegará em busca dos objetivos que rasgarão
o véu dos dias tesos.
Cuspirá emoções tardias
 Que agora se entenderam com a coragem.
Guiará o profundo abismo das certezas inválidas
Razões perplexas por medos
Amores sem jeito
        sem peito...

O trem arrastará florestas pálidas,
            úmidas
Formadas pela exata maneira perdida.
Transformará paisagens que serviram de céu
para as estrelas roubadas que finjo trazer comigo.

Deixem-no passar
Deixem-no espirrar
(Apesar do abraço em aço torturante)
Deixem-no fumegar...
Pior seria...
Pior não existiria...
Mais fogo
Mais carvão
Mais cheiro

Mais mãos
Os rostos, os tempos
As notas, os ventos
Meu medo, meu jeito
Sua voz ainda apunhalando o peito.

Deixem-no trilhar a rota que queira abrir
Encontrar nas noites o que você pensava existir
Nortear as fagulhas estiradas
Até os pés queimarem
Não haverá jeito… ele virá
Virá (será?).
Não o estagne na próxima estação
O trem das ilusões por mais pesado
                    …inquieto…
                        …barulhento… que seja
Ele sempre deve passar…

DO REGRESSO, À NASCENTE DO NOVO MUNDO
&. Débora Torres

Num mundo antigo
De velhos nascimentos
Renascer; corpo, mente e alma
Como afluentes
De um rio de águas bravias
Dos meandros asfixiantes, sobreviveram

Retornam por fim, ao leito do seio
Que bate nova vida
A gana de viver!
Fluir e na foz desembocar

Marcados por cicatrizes coronárias
Em veios subafluentes
Um filete de nova brisa, enfim!
Confluência humana de margens infinitas

Humanidade turva
Superfícies idênticas
Profundezas para sempre transformadas

A trindade humana aflora!

Para alguns
Ó, das lágrimas fizeram Aqueronte
Para muitos
Deságuam a consciência fugaz
Nas profundezas do Lete

Entre paralelos literários, digo por fim
A gota que respira nova vida
A nascente empata, enfim veremos
Como tais águas, nós seremos

ANJO DA MÚSICA
 Débora Torres

Da límpida e reluzente neve branca
Ela ganhou vida
Um suave receptáculo
A abrigar a fulgente gota solar
— Sua alma —

Testemunhando a magnificência
De tão bela divindade
O céu chorou
Tão profundamente emocionado
Abençoando seu olhar
Pela gota que caíra sobre sua face
Do mais puro azul já criado

Nix, deusa gloriosa
Vestindo a noite sobre seu corpo
Sutilmente aproximou-se
Daquela criatura etérea
Batizando-a como sua filha
Com um beijo gentil
Depositado sobre o local
Onde mais acima
Sua auréola devia flutuar
Uma cascata noturna, então descendeu
Como um manto divino
A cobrir-lhe as costas desnudas

Com todas as bênçãos a lhe envolver
Tão perfeita humana
Dita somente pertencer
Aos mais fantásticos sonhos
Se fez real e tangível
Ao entoar das primeiras estrofes
Sua voz iluminou a Terra

Nada pude fazer
Perante seu esplendor celeste
Somente ajoelhar-me
Em admiração plena
Sua voz
Resplandeceria cada alma mortal
Como fizera à minha

DOMINGO
◈ Diana Pilatti

você senta na minha frente enquanto escrevo
o silêncio se esconde pelos cantos da casa
você pega um dos muitos livros sobre a mesa
abre e tira um papel escrito à mão:
    ainda era verão dentro da memória
    a palavra morna quieta-se
    e escorre vagarosa da minha boca
    pelo meu queixo
    pescoço
    em meio ao tempo úmido
    o peito retumba
e a minha boca sempre se alagada ouvindo seu verso lento
meus olhos presos na poesia que escapa entre seus dentes
tenho sede
e você sabe
por isso senta-se na minha frente e me lê
como quem degusta um naco de lua
e me ateia fogo e poema e chuva

CARTA DE JUNHO

҉ Diana Pilatti

já é inverno
meu querido amigo
lá fora
a água congela o tempo
estalactite cristalina
no beiral da tua ausência

aqui dentro
vez e outra
a lenha no fogo trinca
o silêncio vítreo
que ornamento

um filete de lua
descortina a noite
deixando à mostra
a face alva deste sonho

submersa na tua falta
renego a luz e o dia
espelho e desejo
translúcido que me fere

tua palavra, poeta
enroscada na minha memória
sorri candeia inexata
e nos escombros das horas
meus versos nada dizem
além do medo denso
do nunca que demora

A CORAGEM ME DEFINE
 Dorlene Macedo

Quando uma dor
Transforma-se em coragem
Uma palavra cruel que não me representa
Induz-me a suavizá-la
A melodia mais doce
O cantarolar mais suave
O amargo já não mais me pertence
Sou feita de mel
Puro néctar
Nada mais me atinge
Sou ferida cicatrizada
Sou feito pérola
Da dor me tornei enfeite
Preciosa
aos olhos do homem
e de DEUS.

NO DIA EM QUE EU MORRI
E.C. Reys

Um sopro, uma última batida
Escuro, silêncio, paz
Fim...
Passos rápidos, vozes altas, pressa...
Mãos hábeis em meu peito
Pressão
Pressão
Pressão
Eu não ouvia, eu não sentia
A escuridão me envolvia como um cobertor
Eu estava longe e a dor não me alcançaria
Covarde, eu não queria voltar
Mãos experientes trabalhavam
Incansáveis e determinadas
Um minuto, dois...
O tempo passava implacável
Carregava com ele a esperança
Deles, me trazerem de volta
Minha, ficar lá
Um choque, mais pressão
Outro choque e o apito do aparelho
Fraco mas inconfundível sinal de vida
A luz me cega
A claridade me oprime
Suspiros de alívio, sorrisos de alegria
Eu sobrevivi

Meu coração batia mas eu não estava lá
Alguma coisa se perdeu da minha alma
Parte de mim se quebrou, se partiu
Eu não sei o quê
Não sei se vou recuperar
Meu coração já não bate como antes
Eu não sou luz
Não quero ser luz
Sou melhor sendo escuridão
Eu não queria voltar
Eu me perdi de mim
No dia em que eu morri

NOVA ERA
 Elaine Brecci

Tudo se transforma
Tudo se prospera
Tudo se impera;
Quando juntos pela ação
Quando juntos pela mesma emoção
Juntos pela percepção
De um mundo com mais consciência
Com mãos unidas, erguidas na mesma intenção
Se vai ao infinito e enche de esperança qualquer coração;
É preciso mais que querer
É preciso mover montanhas, para que transponhas o medo
E silenciando o seu mundo interno, ouvirá o som das estrelas distantes,
Dissipará as sombras da vossa consciência
E revelará a Luz do seu divino sol interior
Que alcançará vitórias, dias de glória, como numa bela canção.
Caminhando juntos, livres como irmãos.

SÚPLICA AO PAI UNIVERSAL

 Elaine Brecci

Inspira-nos a saciar do pão místico do vosso banquete Divino
A fome por amor de nosso ser peregrino;
Ampara nossas Almas sedentas de luz e guia-nos por suas leis
Tornando a cada ação e aspiração, nossas Almas mais responsáveis;
Eleva nossa sincera Vontade, de sacralizar nossas realizações
Pai nosso que estais no céu, de todos os corações!

UM BRINDE À AMIZADE

Eleonora Aparecida Teixeira de Moraes

Amizade é
Feito um bom café
Que amo e declamo:
"Quando quente tem sabor
Anima a gente
Se amorna, enjoa
Sem graça se torna
Se esfria, é ruim
A vontade passa
Requentado, por fim
Perde o valor
Nutricional, emocional
Faz até mal"
Assim, nesses tempos de isolamento
Faça frio ou calor
Mantenha aquecida
Sua amizade, sua bebida
Na certeza que tudo vai passar
E por amor à vida
Outra vez vamos brindar!

Eleonora Aparecida Teixeira de Moraes

Segue a vida
Nessa viagem finita
Passageiro sou

CENAS DA VIDA 2020

  Elianes Terezinha Klein

No palco da vida global
Reflexiva e impactante imagem
Cena de nobre motivo
Solitária presença
Glorioso efeito
Resposta massiva de intenções
Na molhada praça romana
Gotas de iluminação
O mundo em conexão
A sombra de morte ronda
A vida pede passagem
Na fragilidade dos fatos
Pedido de socorro pela vida
É o soberano testemunho
Manifestada é a fé divina
Consagrando o humano.

ESTAÇÕES DO VIVER

ぬ Elianes Terezinha Klein

Nasceu na estação verão
Traz o calor na alma...
Sol em brilho fustigante
Ser desperto
Refletir luz é o seu destino.
Na quimera de lembranças
Outono da alma
Desejo de viver... Renascer
Sentimentos e ilusões
Ao recolher-se
Fecunda a semente
Hibernação para transformar...
No inverno congelante
Mudança de planos
Temperaturas em transformação
Gélida realidade de perdas
Nada mais será como antes...
Primavera florindo a paisagem
Brotos verdejantes de esperança
Sementes despertas... é o amor!
É a vida que renasce
Botões em flor...

CREIO
  Elias Hage

Não importa se estás
À esquerda ou à direita de Deus Pai,
Mas de julgar os vivos e os mortos sob pressão.
Como crer no santo, na Santa, na comunhão?
Em remissão? É rasteira.
Que vida? Sem direitos?
Nem na passageira,
Que dirá na pregada longeva.
Não importa em qual dos lados,
Condenar com o trânsito em julgado,
O ignóbil ser já sem andrajos,
A um futuro com um presente
Já desqualificado,
Atribuindo ao criador tamanho estrago,
Só confirma o interesse egotista e milionário,
De crucificar,
matar sem sepultar,
Sem igualdade pra ninguém,
Expondo o tamanho do desdém
Com a dor do outro, que você tem.
Então não me fale de subir aos céus.
Amém!!!!!!

DOR

🙠 Elias Hage

Fingi que era minha,
Calei fundo, espantado.
Escrevi, com o baque, uma linha,
Em Pessoa, fiquei disfarçado.
Quem teve acesso ao escrito,
Sentiu o incômodo, angustiado.
Pensativo, se pôs contrito,
Empático ao condenado.
Mas o suplício, quando explícito,
Ganha sempre um novo significado,
O original mantém-se duplo e escondido,
Enquanto cada um estampa a si pelo traçado.
E assim, na urdidura do tempo,
Um novo nó é sempre amarrado.
Na superfície, segue livre entretendo,
Disfarçando profundamente o grande estrago.

APRENDENDO A VIVER PLENAMENTE

 ~ Emílio Mascarenhas

Vou te dizer o que aprendi
Aprendi a amar, aprendi a sorrir.
Aprendi a valorizar, a sofrer e a ser feliz.
Aprendi que tudo está a mudar
E que muita coisa está por vir.

Aprendi que não nascemos sabendo andar, mas que o caminho é prosseguir.
Aprendi que não posso deixar de aprender, mesmo tendo muita experiência de vida.
Aprendi que as coisas boas jamais devem ser esquecidas.
Aprendi que os erros foram lições de uma vida vivida
E os acertos as pedras preciosas desta surpresa chamada vida.

Aprendi que posso ser velho sendo jovem,
Que posso ser jovem sendo velho,
Que posso me machucar com um, dois, 17 ou 100 anos,
Mas que posso me levantar e viver mais alguns anos…

Aprendi que nem tudo o que queremos nós vamos conseguir,
Mas aprendi de tudo isso que dos nossos sonhos nós não podemos desistir,
Pois enquanto tivermos vida eles irão nos mover,
Nos farão acreditar que fomos feitos para vencer!

SETE?

🙠 Emílio Mascarenhas

Não sou um gato,
Mas bem que poderia.
Não tenho tanta flexibilidade,
Mas bem que gostaria,
Não enxergo bem no escuro,
Mas bem que eu queria.
E se eu fosse um gato
Sete vidas eu teria?
Não estou sabendo lidar com uma,
Imagina com sete?!

NA TRILHA DAS BORBOLETAS

  Eneida Monteiro Nogueira

Borboletas são flores que aprenderam a voar...
Façamos como elas:
Viajemos para um jardim secreto,
Onde há o ignoto de nós.

Se, ao chegarmos lá, descobrirmos algo que não seja bom;
Aprendamos a nos transformar novamente
Em uma bela e significativa metamorfose.

E depois, ao voltarmos em um novo estado de consciência,
Saibamos nos abraçar
E nos entender melhor.

O mundo jamais será o mesmo
Depois da Covid-19.

SIMPLESMENTE, KRAJCBERG

 Eneida Monteiro Nogueira

Seu nome já é um convite à reflexão,
É como se a natureza sorrisse e insistisse em ficar.
Apesar do corte,
Apesar do fogo,
Apesar da morte.
Mãos lapidadas, lapidando
O cipó,
A madeira.
A pedra.
Manifesto! Registro de momentos destruidores,
De insanidades brutalmente humanas.
Molda, na madeira, a face angustiada da natureza.
Crava na rocha um apelo:
— Vida!
Solta um grito tupi-guarani pelas matas de um continente
Escasso,
Cansado;
Infeliz por ver seus guerreiros incas e tupis sucumbirem
Pela defesa do ar
Pela sinceridade do verde...
Revolta-se!
Remonta os vestígios através da arte,
Busca o sentido da vida, ressentindo-se.
Trabalha o sofrimento em forma de luz...
Revela a dor da natureza
Na resiliência das matas,
Na sabedoria dos rios...
Em apenas um olhar, sensivelmente, revelador...

MEU PARAÍSO BELO

Esmeraldo Storti

Há águas azuis no mar, nos rios e lagoas
um lindo dia de sol surge aos meus olhos
que brilha alegremente, radiante
e deixa meu paraíso belo ao infinito

Feliz me lanço às águas
piloto do barco da esperança, um mito
me vejo a navegar na imensidão das águas
em pranto de emoção, e alegre de amor

Meu coração bate e arde em descompasso
boiando no mar com alegria profunda
e já não existe tristeza mas amor

Esse meu paraíso belo em mar azul de sol dourado
servirá de alegria trazendo paz e harmonia
garantindo o amor e a esperança ao coração

DE ORIGEM
 Esmeraldo Storti

Meus pais são rocha
presos ao chão
envoltos na luz prateada
da lua acesa

Lhes peço que me amem
sugerem em gestos
que o fogo do amor está ao lume
o ninho cheio servirá de agasalho

Procuro exemplos paladinos
que me chamem a atenção
para o que é bom e me leve
para bem perto do lar

Me arrumo pretendo sair
peço que me deem a benção
eles de olhos cerrados
temem perigos dizem pra eu me cuidar me abençoam

Vou em paz mas cuidadoso
esperando voltar ao lar rever as faces
dos meus ídolos de rocha
prateados pela luz da lua

VELA
Evandro lobo

A vida é breve,
se esvai
numa chama leve.

SEM ROTEIRO
Evandro Lobo

Tudo ágil,
tudo ligeiro.
A vida fica mais fácil
Quando não há mais roteiro.

A AÇÃO DO TEMPO
 Everson Nunes

É verdade que o tempo envelhece,
Verdade também que por vez ou outra ele nos embrutece,
Faz brotar saudade, faz faltar saúde,

Ah, o tempo...
Se pudesse pediria pra quem sabe ser mais lento,
Parar numa lembrança, na esquina de um momento pra somente admirar,
Reviver com esperança quando soube que a "herança" era ter a quem amar,

Gente que vai, que vem, que ficou, que partiu,
Que ficou enquanto pôde, que ficou enquanto deu,
Que partiu por liberdade,
Que não pôde despedir-se,
Então me lembro que já nem lembro quem me disse,
Que no dia que eu partisse, iríamos nos encontrar,

Faz tempo... faz tanto tempo,
Fato é que o mesmo age, modifica, interage,
Às vezes de fora pra dentro, em outras de dentro pra fora,
E nos dá tamanha força, que por mais que a gente sofra,
Aprendemos que só temos o aqui e o agora.

E lá fora?
Lá fora o tempo acontece,
Tem gente que nasce, tem gente que cresce,

Enquanto um lamenta um outro agradece,
A contradição do tempo é ser o mesmo pra todos mesmo tão diferente,
Trazer a lição, plantar a semente, esperar germinar,
Deixar um jardim pra enfeitar toda mente, quando a gente brotar,

Parece loucura, mas poder deixar cura, quando o tempo da gente vier a se findar,

Tá tudo bem…
É só o tempo.

FELIZ DIA
 Everson Nunes

Não sobre felicitar por um dia,
É por tudo aquilo que se acumula, por todos os outros que nos trouxeram até aqui,
Por cada alegria, cada conquista, cada momento,
É principalmente pelas lágrimas e pelo coração que se acalma por saber que tem alguém pra segurar a nossa mão,
É o que torna cada tristeza possível, porém superável o bastante pra não nos importar o que foi ou o que virá.

É pelo que sabemos,
Pelo que sentimos,
Por tudo que é nosso,
Por tudo que é desse mundo tão sem fronteiras divididos apenas pela ponte dos nossos olhares, pela sutileza dos nossos toques, e pela força do nosso todo.

É pela força do nosso todo!

ARACAJURU
 ~ Fabiane de J. Caldas Brito

Lusófona, americana, miscigenada, baiana
Um estado mutatório da matéria
Muda facilmente sua forma
Água
Fluida, líquida, deslocada
Dependente de condições ambientais
Umas vezes cheia, outras rasa
Maré
Itinerante, sob tensão: correnteza
Desagua no porto da Ilha
A[mar] porta de entrada e saída
Mestre das águas

TRANSCENDÊNCIA

Fabiane de J. Caldas Brito

Quando escrevo...
Parte de mim se materializa na folha de papel
Como uma tela pitoresca ou uma colcha de retalhos
Se montando aos poucos de sangria, amor, saudade...
Experiências vividas, sonhadas e idealizadas
Lembranças e releituras de mim, do outro, do mundo
E como folha despregada sou livre
Perambulo, amarelo, desboto
Encontro meus pares
Me reinvento, reescrevo e mudo de nome
Gênero e sobrenome
Caminho sem volta
Infinitamente eternizada

FOLHAS BRANCAS

༄ Felipe da Costa Negrão

Rabisquei, confundi,
Rasurei, me perdi.

Como folha branca, mais uma vez aprender.
Ontem criança, é longo o processo de amadurecer.

Desperdicei, não admiti,
Errei, me perdi.

Como folha branca, mais uma vez aprender.
Ontem criança, é longo o processo de amadurecer.

A cada dia, um novo capítulo,
Escrito com lágrimas,
Escrito com risos,
Aprendizados,
Conflitos
Exílios.

LADO DE FORA

 Felipe da Costa Negrão

Do lado de fora há luz,
Do lado de fora há cor,
Do lado de fora há tudo, inclusive o amor.

Do lado de fora há paz,
A paz interior, a paz que deixa dormir à noite,
A paz que acalma a dor.

Do lado de fora há alma,
Que dorme com alegria, sonha com dias melhores,
E acorda com ousadia.

Do lado de fora há guerra,
Por respeito e por direitos,
Do lado de fora há o desejo
De ser feliz e por inteiro.

Do lado de fora há coragem,
Pra sair sem medo de não voltar,
Pra ser feliz tem que se arriscar.

Eu sonho ver pessoas conseguindo sobreviver,
A maldita exclusão de tudo só por querer viver.
Eu quero não precisar escrever poesias de luta,
Sem culpa. Eu quero poder dizer que tá tudo bem.

Do lado de fora vale a pena,
Vem pro lado de fora,
Vem vencer, vem ser.

A PARTIDA

∽ Fernanda Lícia de Santana Barros

A sua partida inesperada
Deixou-me completamente consternada
Você partiu tão cedo
Vou lhe contar um segredo
Sei que onde estiver
Entenderá a razão da minha fé
A vida é muito breve
Viver é uma dádiva leve
Sua alegria de viver intensamente
Será lembrada eternamente
Tudo na vida é passageiro
A vida passa como um nevoeiro

ESPERANÇA

 Fernanda Lícia de Santana Barros

Em pleno isolamento
Compreendo os descontentamentos
Se a vida os surpreende
Ainda assim poucos aprendem
Que a humanidade despertou de um sono tão profundo
Mas os desavisados preferiram recolher-se no seu mundo
É tempo de união
Para vencermos em união
Como pode um vírus tão veloz?
Só não é maior que todos nós
De efeito devastador
Invisível e causador de tamanha dor

PANDEMIA DA COMPAIXÃO E VÍRUS DA INDIFERENÇA

◈ Fernando Phenix

Pela dor da indiferença, isolados nos tornamos insatisfeitos e tediosos.
Pela dor da compaixão, isolados nos tornamos criativos e caridosos.
Pela dor da indiferença, nos enfraquecemos diante de nós mesmos.
Pela dor da compaixão, nos fortificamos na solidariedade com o próximo.
Pela dor da indiferença, somos influenciados pelo medo de perder.
Pela dor da compaixão, compartilhamos o pouco que ainda temos.
Pela dor da indiferença, nos tornamos o problema.
Pela dor da compaixão, somos a solução.
Pelo dor da indiferença, não somos capazes de salvar nem a nós mesmos.
Pela dor da compaixão, percebemos que podemos salvar o mundo ao nosso redor.
Pela dor da indiferença, nos perdemos no vazio da escuridão.
Pela dor da compaixão, encontramos a luz no fim do túnel.
Pela dor da indiferença, até mesmo a vida vem depois de outras prioridades.
Pela dor da compaixão, damos prioridade até mesmo à vida de um desconhecido.
Pela dor da indiferença, o peso da dor se acumula.
Pela dor da compaixão, o peso da dor se dissipa.
Pela dor da indiferença, nos tornamos indiferentes até mesmo aos compassivos.
Pela dor da compaixão, seguimos sendo compassivos mesmo diante de pessoas contaminadas pelo vírus: o vírus da indiferença!

Pela dor da indiferença ou pela dor da compaixão, não há maneira de escapar da dor, mas há um caminho melhor a seguir!

MORTE PLENA DE VIDA

୬ Fernando Phenix

Resolvi deixar tudo pra trás, pra dar sentido ao que nada me traz.
Recomeçar, pra sair do mundo que me permiti tolerar.
Livrando-me da tolerância quanto à intolerância, que me acostumei a aturar.
Superando a tristeza da vida, neste labirinto sem saída.
Sem hesitar, vim aqui do alto do penhasco me jogar.
Senti pela última vez a brisa me tocar, ao som das ondas do mar.
Bem lá no fundo, pra não dar tempo de voltar atrás, nem mesmo num segundo.
Em um lugar, onde ninguém pudesse me impedir de me salvar.
De olhos fechados, me joguei, mas de corpo fiquei.
Joguei o cadáver da minha alma, que por tanto tempo carreguei.
Tudo aquilo que faz doer o coração eu afoguei, e um novo caminho encontrei.
Permitindo-me à vida eu me entregar, vivendo um dia após o outro sem me queixar.
Sem ficar parado e sem correr demasiado, a ponto de tropeçar.
Despertou-me o desejo de continuar, fluindo no ritmo do universo, no ato de amar.
Pela primeira vez senti a brisa me tocar, ao som das ondas do mar.
Bem lá do alto, permiti minha alma se renovar.
Então, abri meus olhos e pude enxergar o quão bem uma alma cheia de vida me faz.
Renasci, pra viver em paz!

PROCURANDO VOCÊ

&~ Flávio Pereira

Há uma realidade,
Gritando por socorro,
Pedindo alimento, abrigo,
Procurando proteção.

Há um sonho,
Pedindo mais tempo, espaço,
Procurando o infinito,
Gritando por vida.

Há um mundo,
Procurando a cura,
Gritando por justiça,
Pedindo paixão…

Há sempre um verso,
Gritando no pós-medo,
Despedindo o segredo,
Procurando Você.

DA PRÓXIMA VEZ...

 Flávio Pereira

Dá próxima vez,
Eu quero todo encanto e emoção,
Quero a beleza do mundo,
Que nada seja apressado,
Que o tempo seja infinito,
Para não perder os detalhes...

Dá próxima vez,
Que nenhuma tristeza aborde os olhos,
Que não falte a palavra certa,
Muito menos inspiração,
Que a felicidade esteja,
Suavemente diante do olhar.

Dá próxima vez,
Que os relógios congelem,
Toda mesmice da vida,
Todo contratempo do mundo,
Só para poder dizer na travessia,
Te Adoro Você!

RECONHECER
Gabi Darcie

Quando você se reconhece
Na imensidão do outro
E se sente confortável
Nos braços alheios
Sentindo o cheiro
E o toque dos corpos
Tudo começa a ter mais cor

Quando você se reconhece
Nos olhos do outro
Com uma intimidade
Que mesmo tendo pouco tempo
Se tornou um tempo grande
E você está se permitindo sentir
Sem se questionar
Onde essa saudade vai te levar

Quando você se reconhece
No toque do outro
Implorando para o relógio parar
E aquele prazer não acabar
É onde você percebe
Que se reconhecer em um outro alguém
É se permitir descobrir lugares
Não explorados dentro de si

LAR
Gabi Darcie

Não é apenas um lugar
É demonstração de afeto
Fora da nossa órbita
Longe de paredes e portas

É uma morada segura
Dentro do coração do outro
Em um ambiente sem grades
Onde você pode sonhar
Sem precisar financiar um lugar

É pagar com afeto
Sem cobranças de taxas
Ou fiador
Apenas duas almas que se encontraram
Sem pedir nada em troca
Cabendo em um abraço
E com tudo quitado

Sem precisar de sala, quarto e cozinha
Um lugar que você deu a chave pro outro
Sem pedir pra dividir despesas
Se abrigando num coração que mesmo não sendo seu
Te faz sentir viva
E sem querer achar outro lugar para morar

DESENCONTROS
 Geraldo Lago

Você chegou, como o nascer do Sol...
Tocou meu coração, como um raio e um trovão.
Passaram-se alguns momentos...
Que ficaram entre a esperança e a ilusão...
Nem tudo é para sempre...
Mas alguns momentos tornam-se eternos...
A felicidade em cada segundo...
Com abraços fraternos...
As lembranças de cada sorriso...
São palavras não ditas no silêncio...
As recordações que eu preciso...
Para guardar sua imagem no pensamento...
O tempo vai passando e vamo-nos distanciando...
Cada segundo sem te ver.
É uma eternidade sem você.
Sem ver seu rosto sinto, aos poucos, que vou te perder.
Os desencontros e a correria diária
As dificuldades de comunicação são várias
Obstáculos que, às vezes, criamos...
E não entendemos por que nos afastamos...
O destino passa a ser o culpado...
De ficarmos distantes e, algumas vezes, ao lado...
A frieza dos sentimentos
Que depois, passam a serem lamentos...
A vida se resume em chegadas e partidas.
Porém, nem sempre sabemos o destino.
Qual o momento de saída e chegada.

E, às vezes, nos perdemos pelas estradas...
O Sol continua a brilhar...
Porém, não vejo o seu olhar...
Não sei dos seus passos e como está...
Portanto, só me resta sonhar...

SEM EXPLICAÇÃO
 Geraldo Lago

Sonho contigo, acordado...
Na realidade, nunca te tive ao meu lado...
Despetalei uma Rosa, te dei todas as pétalas...
Te cantei em verso e prosa
Te jurei nunca te esquecer
Não conseguir uma explicação
Que tivesse uma resposta para o meu coração
O tamanho do sentimento que tenho por você
Não consigo decifrar seus encantos
Às vezes fico triste, quase em prantos...
E me pergunto, por que te quero tanto assim...
É algo inexplicável para mim
É um caminho que preciso seguir
Não tenho pressa e nem sei a hora de partir
Não sei o rumo e nem aonde pretendo chegar
Não alimento certezas e nem dúvidas
Apenas quero te amar...
Te amar sem cobranças
Vivendo de saudades e lembranças
O tempo passa...
Estamos inteiros, porém divididos em metades...
Queria te falar tantas coisas
Mas eu não consigo te encontrar...
Nossos caminhos não se cruzam
Quando estou no norte
Você está no oeste e distante...
Os pensamentos permanecem os mesmos, a todo instante...

Talvez um dia, quem sabe, aconteça…
Que toda a divergência, entre nós, desapareça…
E o amor possa vencer as barreiras
Que nos afastam da felicidade
E que possamos ficar juntos
Superando as dificuldades…

SE
☙ Gisele Carvallo

Se as rosas não tivessem espinhos,
Se os pássaros não caíssem do ninho,
Se as estrelas brilhassem de dia
E o mar cantasse poesia,
Se a liberdade não fosse utopia
E a neve não nascesse tão fria,
Se as flores não secassem em breve
E o abraço durasse para sempre,
Se a noite não chegasse tão densa
E o amor vencesse a guerra,
Se o impossível não fosse ilusão
E a emoção sufocasse a razão,
Se as cartas pisadas no chão
Fossem entregues na mão,
Se...
Se
Tão
Somente
Se.

DEIXA-A IR

୨୦ Gisele Carvallo

Deixa-a ir.
Voar.
Partir.
Que a brisa suave a embale no ar,
Pintando seu céu como a aurora boreal,
Para sempre livre.
E quando dormires,
Com o silêncio pulsante da sua melodia,
Se te invade a melancolia,
Não sonhes, nem chores as dores.
Deixa-a ir.
Voar.
Partir.
Tu ficarás, na reticência voraz,
E quando as memórias baterem tua porta
E a saudade floresça com força,
Deixa-a ir.
Voar.
Partir.
Se a tristeza apertar,
Olha as estrelas brilhar,
Por um instante a acharás
No abraço silente da noite latente,
Para por fim seguir o caminho perene
Daqueles que perderam uma parte de si.

Deixa-a ir.
Voar.
Partir…

ISOLADO AO SEU LADO
 ❧ Glaucio Oliveira

Com um solavanco o mundo parou,
Por força maior o amor se esfriou.
Muitos estão em só, veja quão azarados,
Porque sou feliz em tê-la ao meu lado
O confinamento baniu a amizade,
Afastou os amigos e alimentou a saudade.
Mas sua companhia me deixa centrado,
Porque sou feliz em tê-la ao meu lado.
Imagino-me na pele de quem é sozinho,
Tantos dias trancado sem abraço, carinho.
Por essa razão sinto-me aliviado:
Porque sou feliz em tê-la ao meu lado.
O mundo moderno faz ode ao solteiro,
Ao apego ao trabalho e o amor pelo dinheiro.
Porém nesse momento queriam estar casados,
Eis por que sou feliz em tê-la ao meu lado.
Podemos enfrentar todo estresse a dois,
Ver a vida parada e planos ficando pra depois.
Desde que seu coração não esteja fechado,
Porque sou feliz em tê-la ao meu lado.
Nos dias difíceis permeados de incerteza,
Tu és anjo divino que me trazes leveza.
Seu amor companheiro faz sentir-me blindado,
Eis por que sou feliz em tê-la ao meu lado.
Sei que no futuro ao relembrar o passado,
Me sentirei amado por tê-la tido ao meu lado.

PASSAGEM
 Hare Piemonth

Para Eric

Acontece...
Ficamos quietos e atentos
estamos aprendendo
ficamos quietos e atentos
estamos observando o emaranhado da vida
manifestado na espiral do Tempo
transformando longas horas em espaços curtos
Esperança em luto
Desapego em luta
Somos energia!

O futuro imaginado
torna-se passado, sem data para acontecer
Infere nos fatos alterando os ciclos
Somos a espera!

Signos e ascendentes cumprem suas rotas no balé das estações
firmam pactos com as fases da lua e
precisamente, um eclipse desnuda-se
Somos meros espectadores...

Amores e dores disponíveis na palma das nossas mãos
Passamos, todos, pelo mesmo portal que nos une
diferentes, iguais e conectados
Estamos finalmente todos ligados, todos presentes
Em todos os lugares
Somos protagonistas do EU SOU

E com um clique podemos ser homens ou mulheres
jovens, idosos, louros ou mouros
Acontece…

Ficamos quietos e atentos
Nosso campo de batalha está pulsando
e na espiral do Tempo
continuaremos, pequenos, expectadores
Aprendendo
Brincando de ser gente
Somos eternos!

PARADOXOS
   J.G. Cutrim

Terra, lua e flora,
Gente sua e chora.
Água, Sol e peixes,
Poluição, mortes e redes.
Ferro, ouro e soja,
Riqueza indo embora.
Poder, riqueza e corrupção,
Apatia, revolta e acomodação.
Jeitão, jeito e jeitinho,
Favelas e estradas em desalinho.
Universidades e casa do saber
E faltam dentes para morder.
Médicos a perder das vistas
Pessoas a morrer nas filas.
Um leão faminto a nos devorar,
Uma mesmice eterna a girar.
Quem era dono das terras
Hoje falta espaço para nelas morrer.
Morrer virou banal, morre-se muito
Temos uma pandemia viral.
Mortes são ceifadas embaladas numa cantilena
Política e econômica.
Nunca se falou tanto no confronto direita *versus* esquerda
Enquanto isso os mortos são enterrados sem funeral.
Oh, Brasil brasileiro, tua história está mal contada!
A história está de ponta cabeça: o certo é errado, o errado é que é certo.
O que fazer? Diria o sertanejo astuto e laborioso.

Cabeças rolam a toda hora, que castigos fizeram por merecer.
Paradoxos da Colônia à República, do Século XV ao Século sei lá qual,
Lutar, ousar lutar, resistir e não se acomodar para tirar a fama infame desse país de ser o país somente do futebol, da cachaça e do carnaval.

SOBREVIVENTE DO FUTURO
◈ J. Luz

Vivo o Século Vinte e Um com fogo e fumaça.
Vivo o deserto que cresce entre vida e sonhos.
Vivo o desequilíbrio do choro, da graça,
dos segredos, dos medos, dos gritos medonhos.

Vivo a velocidade, a técnica, o infinito,
Poder eletroquímico e nuclear.
Vivo os mistérios, ídolos, massas e mito,
dentro desta estação: sofrer-sorrir-lutar.

Vivo como bandido, soldado e herói,
no ar, no mar, na cidade, nos rios, nas serras;
entre ódio, terror, guerra: nada constrói.

Vivo os amores, dores e flores crescidas
nos jardins e desertos de todas as terras,
não importando as raízes, cor e odor das vidas.

A PALAVRA...
  J. Luz

A palavra riqueza não é rica.
A palavra pobre não é pobre.
A palavra nobreza não é nobre.
A palavra beleza não é bela.
A palavra céu não é azul.
A palavra inferno não é quente.
A palavra mar não é profunda.
A palavra noite não é escura.
A palavra cor é incolor.
A palavra perfume é sem odor.
A palavra mensagem não é texto.
A palavra brilho não é luz.
A palavra coração não pulsa.
A palavra mão não afaga.
A palavra arma não fere.
A palavra pão não alimenta.
A palavra água não mata a sede.
A palavra é apenas uma palavra.
Apenas.
A palavra vive apenas no discurso dos sujeitos
                                                reais
                                                      virtuais
                                                              sociais.

SER PAI
J.A. Mielnik

Que amor é esse?
Ao ver um filho nascer
Um choro de vida
Coração a mil
Ternura no olhar
Da mãe e do pai

Como explicar esse amor?
Ser pai
Experiência sem igual
Agora sinto
O amor de Deus Pai
Pelos filhos seus.

ESPERANÇA INVENCÍVEL

 Jairo Sousa

O lugar dos nossos sonhos
é semeado em cada atitude,
em cada olhar presente,
em cada nova virtude.

Um gesto sincero,
o perfume da melodia.
Um abraço que pede
o renascer de todo dia.

A memória da união
é razão para celebrar.
Em tempos voláteis,
a aliança vem concretizar.

É hora de trazer à memória
aquilo que nos traz esperança,
como um sorriso eternizado
nos lábios de uma criança!

Os parabéns devem acompanhar.
O tempo não é imutável.
Se hoje há tempestade,
amanhã o sol será estável.

Ah, o sorriso, grande triunfo!
Os tempos bons não foram encerrados!
Acredite na alegria de viver,
na força de guerreiros despertados.

Acredite antecipadamente,
sua esperança é invencível.
Sinta o perfume da vitória,
o poder da fé é incrível!

Vamos construir um novo futuro,
a noite vai passar
e trará o amanhã
Com abraços e um novo jeito de amar!

SOMOS
☙ Jairo Sousa

Há um mundo em teu olhar
Um mundo humano e feliz!
Não foi no primeiro olhar
Que o amor surgiu.
Ele foi tecido
nas manhãs,
no sol,
na chuva,
nas noites,
em nossos olhares!
Ele é tecido hoje.
Somos um olhar
na manhã,
no sol,
na chuva,
nas noites.
Somos um AMOR,
um presente do Criador!

ESCAPE
 Jéssica Rodrigues

Sob as válvulas carregadas, adormeço
Sobre os pesos da alma, escrevo
Das ansiedades corriqueiras, procrastino
Das negações veladas, compulsiono

Escapo do medo, do agora e do futuro
Sou fuga de mim mesma
Abandono-me, mas ressurjo das dores
Fortaleço e ressignifico meus sonhos

Vivo de um polo ao outro
Estagno, do marasmo à euforia
Fantasio, entendo, mas não me movo
Ora cresço e desafio

Sigo forte ou me escondo
Escape contínuo
Sou vulnerabilidade.

AJUSTE POÉTICO

Jéssica Rodrigues

Hoje escrevi um poema
Nesta semana foram dois ou três
Por hoje permaneci empoeirada
Atônita com o que estava ao redor
Mas ontem vivi no poema
Por ele não me apaguei
Há vida pulsando em palavras
Há um fôlego, um suspiro, um clamor
Meu hoje foi poesia
Amanhã será novo favor
A poesia pede passagem
A vida é passagem também
Há espaço pro pranto e pro canto
Tem dias que são mais atrozes
Há outros de puro louvor
Enquanto ajusto meus versos
Sussurro desejos de amor.

MANHÃ DE OUTONO
❧ Jimmy Charles Mendes

Um sol delicadamente materno
desvela a manhã serena.
Entre árvores e ruas contundentes,
seus raios sorriem desejos
pelas praças.
A beleza suave de um pássaro
canta aquela brisa namorada.
E o sol,
tão generoso,
espreita o som vazio de
todo gesto inibido.
O outono se reinventa
em minutos.
Alguma palavra nos molda
pelo infinito esquecido.
E o mesmo sol,
de inquietude maternal,
nos insere em vida breve
à tranquila vereda
do tão sonhado
aconchego.

SONHOS DE VALSA

୬ Jimmy Charles Mendes

A tarde se prenunciava solitária,
enquanto palavras ensaiavam
um baile lúdico.
Reparo um sorriso imenso
que banhava o céu
por um segundo.
O acalanto do que eu não podia ver
adornava o coração
feito orquídea.
Eis o tempo, que insistia em
se esconder nas frestas dos
horizontes.
Não sinto nada além daquilo em que
um sussurro me oferece ao bordar
pensamentos.
Vejo alguma esperança flertando
com o decantar de valsas.
Era aquele sorriso enorme,
dourado,
que me acarinhava com seu
pequenino e vasto
alvorecer de ternura.

JOÃO

❧ João Augusto Lima de Oliveira

Eu sou filho de Xangô
Em São católico se diz João Batista
Sou da terra da Ilê, mãe de toda vida
Em Ebó lhe trago rimas
Da feitura do Ilorin saí
Lutarei em favor da vida.
I am Black, menina!
Sem pintura nem faxina
Amante da Literatura, da vida.
Sou poeta sem Fardão
Moro na ladeira do Cabuço
Que hoje se diz Waldemar Falcão
Sou nascido na véspera de São João
Batizado na maresia do Rio Vermelho
Na barroca Igrejinha de Santana
Onde o velho padre Vieira gritou João
Nasci aqui mesmo onde amo, sonho e bebo.
E tenho meu umbigo enterrado no doce chão.

RETRATOS E DIVAGAÇÕES
 João Augusto Lima de Oliveira

Tenho tanta coisa para dizer...
Mas o relógio de agora não é tempo;
Deixa o retrato de nós amadurecer
E buscar-nos em quartos, em momentos,
Ao lado dos lábios cansados ao amanhecer...
Hoje os porões dos corpos são cinzas
E o dia de ontem foi duro viver,
Mas o zodíaco nos trará o presente,
Aos lençóis orvalhados pelo néctar do prazer
E até mesmo as sílabas desconhecidas que iremos dizer!
Tenho tanta coisa para te dizer...
As palavras eternas, os versos mais lindos,
As cartas cobertas com o aroma das rosas,
As músicas que despertam as juras secretas,
O colher-nos sem pressa, o envelhecer-nos sem dor!
Ainda existirão frases para sempre dizer...
Descrevê-las em pétalas, nas molduras das peças,
Na fibragem das carnes que nas noites revelam,
Na frieza da terra, no simples cair de uma flor.
Não sei se haverá tempo para te dizer da dor.

EU (?)

👋 João Odalí (@curtavidadeumpoeta)

Não há espelhos que mostrem meu reflexo,
Nem palavras que me definem
Sou um garoto sem rosto e não nego,
Sonho com um mundo mais simples

Olho para trás e me perco
Mais perdido do que já estava
Falas que não reconheço,
Caminhos que antes não trilhava

Aos poucos converso com uma criança
Uma criança chamada Passado
Pergunto como tem estado
Esse tempo que parti,
Fui assim, meio conturbado
Deixei uma vida por aqui
Arrependimentos amontoados por todo lado
Mas o rio não volta, só continua a seguir

Sonho também em merecer orgulho um dia
Daquele que eu fui, por ser quem eu sou
Que o ontem ao olhar pra mim sorria
E diga que tudo o que queria
É ser como eu quando crescer.

NOVOS ARES

∽ João Odalí (@curtavidadeumpoeta)

De mente pronta,
Sorriso aberto,
E amor no peito
Me vejo meio sem jeito a partir,
Ir aonde nunca fui,
Me perder para que possa me encontrar
Meu lar não deve ser um lugar
E sim, em mim

Me sinto feliz com o vento no rosto,
Os olhos nas serras
Por que a vida não é sempre assim?
Vejo o mundo se curvar no horizonte sem pressa
O que ela reserva pra mim?

REENCONTRO

 Jocifram Ramos Martins

Hoje, casualmente, eu te reencontrei...
E não eras mais a de outrora:
Os anos te marcaram tão profundamente,
Que eu precisei da ajuda de outros para saber-te.
Em vão, procurei um antes sob as rugas do agora,
Na esperança de que ainda seria possível.
Experimento, desde então, um sentimento triste, insano,
Acreditando que ainda existes
Como na lembrança que guardei por todos estes anos...

2040

Jocifram Ramos Martins

Contaremos aos nossos netos
Que fizemos o possível,
Mas não conseguimos salvar todos,
Não estávamos preparados.
O invisível foi mais forte que tudo o que nos construía como
Civilização.
E, ainda assim, os arrogantes insensatos não ouviram a ciência,
E vimos morrer os amigos, os irmãos, os pais, os avós, os amores…
Contaremos que quase fomos derrotados;
E, sobre o que restou, os mais sensatos
Reconhecemos a nossa pequenez
E saímos de tudo melhorados:
Nosso antagonista despiu-nos das vaidades
E transformou lá dentro de cada um de nós
Os sentidos do que chamávamos de Humanidade.

SONHO DE RUA
 Joel Aleixo

Nossa rua tem o passo das pessoas sem pressa,
cujos olhos demoram-se nas fachadas das casas
e os muros são apenas ornamentos dos portões
que se abrem gentis e atentos ao menor chamado.
— Nossa rua é toda gentileza, modéstia e arte...
Nas manhãs, o sol estende os braços mornos
e pinta folhagem, calçada, árvore e passarim;
E desperta os mais alegres e puros sentidos...
As crianças nela são anjinhos brincalhões...
— Os anjos da rua são crianças e suas vozes...
Ao sol pleno e quente, as fidalgas cigarras cantoras
explodem sons em estribilho, calor e êxtase;
Janelas abertas cochicham comida quente e pronta.
Ao meio-dia todos param e comem, irresistivelmente.
— A rua se abastece, farta-se de sabor e relaxa...
Então se faz noite, e a rua se deita ali mesmo...
Um tanto exausta, pensativa, fecha os olhos...
E as crianças, moços e jovens há mais tempo
sonham pontos de luz e desejo na noite fria...
— A rua se recolhe risonha, e sonha um novo dia...

CHOVE
ꙮ Joel Aleixo

Chove, e da delícia das gotas lá fora,
do estrondo atrasado do fulgurante raio,
abro uma janela na noite, a olhar pra rua;
um carro sob a água parece triste, sozinho,
abandonado à luz hidrelétrica, imóvel,
a receber mais um desnecessário banho...
Escorre nas sarjetas um filete contíguo,
um como riozinho, que desce a rua, segue,
e desaparece engolido na esquina deserta...
há um aviso na placa do muro dum terreno,
que pede não jogar nada no poema que não seja:
vazio fecundo, olhos felizes, coração lavado,
lágrimas da noite e coração de criança...
As gotículas refrigeraram o ar, arrepiou-se-me o corpo,
o suave vento fechou a janela e o olhar molhado...

POEMARTE
Jolie Nunes Cardoso

Como posso
Falar de AMOR
Se nunca AMEI?
E, se AMEI,
Sem saber que era AMAR,
O que é, de fato,
O AMOR?

MEDO

    Jolie Nunes Cardoso

Tenho medo do sim e do não
Da pergunta e da resposta
Tenho medo de ouvir e do silêncio
Tomar remédios controlados ou viver no medo
Tenho medo de rodeios e do exato
De quem é verdadeiro e do falso
Tenho medo de tudo: até Deus e o Diabo
Dos meus medos, só não tenho de enfrentá-los
Tenho medo de altos e baixos
Medo? Quando olho para o lado
Tenho medo de arriscar e de continuar
Encontrar a pessoa certa, me jogar e casar
Tenho medo de arriscar ou deixar para lá
De entenderem errado o meu medo de dançar
Não sei por que tenho tantos medos, mas os tenho.
Tenho medo de viver e morrer
Medo apenas de sobreviver
Medos que posso ter adquirido do passado
Que tenho do presente — do futuro, eu nem falo.
Tenho medo de estar sozinha ou com o cara errado

Treino o pensamento para que fique blindado
É nessa hora que eu ataco
Com palavras qualquer um que não seja culpado
Eu? Machuco rápido, minha arma é de defesa
Me senti atacada eu ataco, não penso em nada, só falo
O medo é como depressão
Você adquire, consome, absorve e espalha
O medo é uma desgraça, te deixa na cama por tempo indeterminado,
Não por ele mesmo, mas, sim, pelos fatos.
EU TENHO MEDO!

CHAMADA
 José Ignacio Ribeiro Marinho

Estou nu
Minha alma está nua
Feixes de luz incidem sobre meu corpo
Já não tenho tanto medo
Tenho um pouco de pudor
Despido de mim
Aqui o calor me consome
Me exaure
Como um hibisco ao sol
Minhas articulações doem
Meu corpo me quer dormindo
Mas minha alma me quer escrevendo

4 de abril de 2018

JOSE E JOSÉ
 José Ignacio Ribeiro Marinho

> À Joseani Adalemar Netto, minha
> amiga de outras vidas, escritora,
> mestra e professora de Letras

Sua alma voa como outrora voou a máquina de Dumont
Seus olhos são decisivos — neles não cabem melancolia alguma
São miniaturas de Cecília
Seu nariz é uma cerejinha que expressa seu bom humor
Você é pão de mel
Não me sacio jamais
Entre nós não há fronteira
Não há desfechos
Há reinaugurações
Do Olimpo à contemporaneidade
Nada é à toa
Você é Jose, sou José

Perdidos por um acento
Achados pela fé

7 de maio de 2018

LEITURA

　Juliana Inhasz

Cúmplice
Dos teus gestos
Indigestos
Dos teus olhares
Incautos
Do teu sorriso
Indiscreto
Nos momentos
Inapropriados
Que só eu
Sei ler...

Cúmplice
Dos teus traços
Tortos,
Das tuas agonias
Mortais,
Dos teus medos
Inconfessos...

Nos teus olhares
De soslaio
Você
Desenhou
Aquilo que
Para mim
Delimitou
A perdição...

CONTORNOS

 Juliana Inhasz

Contornei
Desconcertada
As linhas
Marcadas
Do teu rosto,
E enquanto
Você se achava
Entre linhas e mais linhas,
Mais me perdia,
Rimando
Entre a tua boca e a minha
Poesia em prova
Versos reversos
No teu e meu
Restrito universo…

PALIMPSESTO

 Júnia Paixão

Um ímpar coração
Tal qual palimpsesto
Apaga ilusões
Pra escrever nova esperança.
Atrás das nuvens o sol sempre brilha
E essa verdade é inegociável.
Os brotos rompem concreto e rochas, e
Sempre haverá arco-íris depois da chuva
Torrencial ou branda.
O cheiro de terra molhada
Invade os órfãos olfatos
Preenchendo as memórias de infância.
Os mesmos amores que portam sorrisos
Carregam consigo mais dores e medos.
As mães existem para provarem
Que é o afeto que move a vida.
Nada mais.

SENTIMENTO DO MUNDO

∾ Júnia Paixão

O outono avança em silêncio
Diminuindo os dias e alargando a paleta
Do entardecer que sempre me angustia.
Busco o colo da noite que me abriga as palavras
E abraça a solidão que me acompanha
Desde que me entendo por gente.
Maios e setembros são meus meses preferidos
Trazem frio, vinho e flores
Coisas que me confortam a alma
Inconformada com tanta tristeza
Mesmo quando me traduzem alegria.
Sorrisos são curvas que abrem janelas e enfeitam
Não os nego, pois são fontes de luz
E chorar ainda me custa e envelhece
Mas, por vezes, são mero costume.
O que almejo ainda não tem forma ou nome
Talvez a paz que me faça atravessar os dias
Sem esperar mais nada que não dependa,
Apenas e inexoravelmente, de mim mesma.
O mundo me invade os poros, insistentemente
Absorvo suas glórias, seus pesadelos
E esse mar de vibrações paradoxais
Revolvem-me as entranhas e capturam
A alma desassossegada que me habita.
Pro equilíbrio entre sentir e pensar e,
Pra não morrer de tanta dor alheia e

Por sentido nesse caldo fervilhante que
Enfeita minhas noites de insônia, escrevo.
Na tela e teclas que, companheiros,
Acolhem a todos os gritos de gozo e fastio
Deposito o meu sentimento do mundo.

UM CANTO DE TERNURA

 Katarine Carvalho

Oh, meu coração,
que pulsa tão doce, tão forte.
Às vezes, me pergunto:
Como pode suportar tanto?

Depois de atravessar
Longas noites escuras
E florestas ermas,
Eu me curvo, cheia de paz,
Diante do mar.

Caminho suavemente
Para ouvir somente
O pulsar do meu coração,
Que ressoa como uma oração.

Uma oração sem palavras,
Embalada por um suspiro profundo.
Por tudo o que passou.
E que já voou ao vento.

E por tudo aquilo que fez
O meu coração vibrar:
Seja aquilo que me fez amar;
Seja aquilo que me fez chorar.

CIGANA DA LUA

Katarine Carvalho

Decidi viajar sozinha
Para onde nasce o arco-íris.
Minha intuição me diz
Que lá vou ser feliz.

Deixo sem olhar para trás
As antigas ruínas de minhas dores.
Agora vivo pelos meus amores!
Na longa estrada encontrei a minha paz.

Levo na minha pequena bagagem
Sonhos para sonhar até o além,
Uma flor vermelha para pôr no cabelo,
E um sorriso de margarida no rosto.

Minha saia roda ao vento
Danço na calmaria e no tormento,
Sou feita de mel e poesia,
Sou a doce Cigana da Lua!

Sou do mundo, sou de tudo
Nenhum homem me segura.
Vendo sonhos e encantos,
Em troca do impossível, da aventura.

ENCENANDO NOS PALCOS DA VIDA

୶ Káthia Soares Gregório

Quero diversificar meus dias
Cantar canções e recitar
Palavras de alegria

Quero poder mudar as atrações
Trocar cenários, improvisar
Iluminar e escurecer
Sempre que necessário

Tudo para despistar a tristeza
Que mora ao lado

Quero dançar, rodopiar, pular
Espalhar felicidade em demasia
Quero usar roupas simples, alegres e coloridas
Seja à noite, à tarde ou ao dia

Tudo para camuflar a tristeza
Que me faz companhia

Quero sorrir, gargalhar
Chorar de tanto rir
Porém, ao final de tudo
Quero ter olhos vermelhos e inchados
Mas apenas após rir de tanto ter chorado

Tudo para confundir a tristeza
Que me observa no futuro, no presente
Assim como no passado

DIA DOS NAMORADOS
 Káthia Soares Gregório

Fotos românticas
Sorrisos diversos
Palavras elegantes
Elogios eloquentes
Declarações ofegantes
Afinal, no dia de Santo Antônio
Pede-se por um amor sem igual
Amor genuíno
Amor verdadeiro e leal
Amor avassalador
De parar o trânsito
Quente como o sol
Amor capaz de perdoar qualquer dor
Mas, no dia a dia, as faces vão se revelando
As máscaras vão caindo
O Eu interior vai se mostrando
A felicidade vai e volta
A tristeza vem e vai
Cada dia é único
Até a chegada do derradeiro
Quando aquele que completa
Já não completa mais
E aquele que era a parte que faltava
Agora é a parte que já não serve mais

E viva ao amor supérfluo de hoje
As declarações vazias do dia a dia
Nada como o tempo para dizer
Que nem tudo é poesia

FLORESER
ꙮ Keila Mota

Crianças são
Flores,
Possuem cheiro
Delicadas como pétalas
São pólen da Vida

Jardineiros
cuidam
Regam
Iluminam
Amam

Criança Flor
Amada
emana seu
livre encanto
de
ser
Flor.

FILHOS
  Keila Mota

Dias sem Hora
já não
24 horas

Dias sem Cor
Sou bem
Mais
Multicor

Dias Bagunçados
Pra quê tudo
Arrumado?

Filhos são Sinônimos
Da Palavra
Amor.

SINTO

    Kermerson Dias

Sinto tudo muito.
A licença suave de quando bateu à porta.
A ansiedade indelicada de quando quis partir.
Senti demasiado, do amor à dor.

Ainda sinto tudo:
O cheiro amadeirado nas cartas que li,
Cada toque ameno na pele em arrepio.
O sussurro da respiração no beijo.
Lembranças de quando tudo era sentido.

Sinto tudo e muito.
Cada dor do processo,
mesmo que tudo não faça mais sentido.

Hoje prefiro te sentir distante.
Sinto muito,
mas eu sinto tudo isso.

RISCO

Kermerson Dias

Se amar é um risco,
meu coração é mira e rabisco.
Na marca de traço forte,
da ponta de flecha e caneta.
Rasgo de tiro dado na sorte
Em coração de papel de poeta.

Tem traço de canto e encanto,
pelo olhar de quem dispara certeiro.
Tem contorno de sorriso doce
de quem lança sutil e arteiro.

Amor é risco para quem se arrisca.
Das linhas que borracha não apaga,
flecha que risca e não trisca
faz cicatriz que coração afaga.

De cada flecha e caneta,
As lembranças que não risco e salvo.
É inútil pensar que um coração riscado,
de saudades não é alvo.

CORRE UM RIO DENTRO DE MIM
 Laura Camardelli de Brum

Corre um rio debaixo do rio.

Há uma movimentação silenciosa que também faz latejar.

Rastejar.

Escorre.

Água que chora e denuncia o carinho que espera do mundo. O medo. A rosa.

Deixa eu te contar que meu gosto hoje é metálico. Que o sangue também escorre, que o tato escureceu, que eu sorri foi por costume de oferecer os dentes por aí.

Costume dos bons, por passagem.

Deixa eu te contar que minha boca é ainda aurora boreal. Que os fluidos do meu corpo ainda brilham e borbulham, que minhas mãos ainda são fogueira, que eu sorri foi por vontade, por potência.

Água que lava e leva e leve. Denuncia a dor que encontra no mundo. O conto. A prosa.

Corre um rio dentro de mim.

Há um enfrentamento silencioso que também faz evocar.

Gritar.

AS SOBRAS DE ONTEM
   Laura Camardelli de Brum

Visceral. As sobras de ontem. Viciante.

Selvageria. Os restos de comida. Suor.

Não parece haver nada que faça sarar nem que faça ficar.

Nada que se conserve porque meu olhos estão secos.

Eu tenho um corpo todo atravessado em minha garganta.

E não posso mais com sacrifícios dessa ordem, com essa exigência do tudo de mim.

Isso é vício, isso sim.

Poesia visceral, esse cheiro tirou o lugar de mim.

Cheiro de inflamação e de melancolia.

Das gotas da melancolia que escorreram no meu rosto naqueles dias.

Foi quando eu olhei nos olhos secos da fraqueza e, por isso, talvez, que os horizontes perderam o tempo do pouso.

Ficaram as sobras, e elas não são minhas porque eu quero mais, quero água, quero me deitar, nua, no chão da sala, vestida de cabelos e garganta.

Cangote e cabelos.

Quero não saber do tempo, e você se atrasou.

O sol que entra no quarto e não dói.

Um urso que me encara por uma fome elementar, visceral, selvagem.

Mas são só os restos de comida.

Já faz três horas...

O GOSTO DO SEU PERFUME

 Leandro Souza

O outono combinou com o vento
de presentear à fauna e flora
roubaram seu cheiro às escondidas
diluíram no ar pouco antes da aurora

as árvores amanheceram estremecidas
algumas folhas voaram embora
os pássaros cantaram durante todo o dia
e os sapos coaxavam samba e bossa nova

os lírios, as rosas e as margaridas
despertaram as pétalas de suas flores
a natureza até então desconhecia
um cheiro que também tinha sabores

o sabor das lágrimas de toda uma vida
com retrogosto de muitas lutas e dores

até hoje o mundo desacredita
ao lembrar daquele dia de calor
descobriram que apesar,
das intempéries da vida
ainda é possível,
exalar o amor

P.S.: Você encanta todas as vidas que o cheiro da sua história perfumou. Seu cheiro em mim é de amor.

#POESIA95

∽ Leandro Souza

com tinta saliva faziam poemas
com as bocas

ela ~~gritava~~ ditava
ele ~~gemia~~ escrevia

e entre ruídos eloquentes
        combinavam fonemas
declamados por dois corpos
        [paulatinamente]

        a noite avançava
e das horas não se sabia
        a respiração oscilava
tamanha volúpia e euforia

ao amanhecer,
        Ei, bom dia!
no lençol amarrotado
        [e branco]
nenhuma palavra
        várias poesias

P.S.: No seu corpo, eu escrevo meu desejo em prosa.

Com carinho, para Marcela.

EU COMIGO
～ Leonardo José Nogueira Fernandes

Depois de tanto relutar, fui lá e entrei.
Encontrei-me perdido, se vou me acostumar, não sei.

Vi ele, era eu, tive medo de olhar tal imagem.
Pois sabia que nada havia que eu pudesse projetar, senão a realidade.

Terrível, ele digitava e eu sabia o que viria de mim.
Sem ânsia, eu aqui presente, no presente e não no porvir.

Não há outra condição além da minha, e a copiadora agora, de que me serviria?

Sempre a usei, fornecia-me sonhos, metas, ideais, lugares a visitar.
No do outro considerado, modelado a não te considerar.
Desmodele-se vai, eu te ajudo, olhe para mim e veja o que precisa mudar.

Me desnudo, me dessurdo, se possível em tudo, a fim de que possas te ver.
No deslumbre do contato gentil, sorriso dengoso e insatisfação raivosa.
De contatos emotirreais, para além dos .coms você perceber.

Dos lugares mais desejados pelos quais tens viajado, aos aplausos mais calorosos dos que estão ao teu lado.

Desde o corpo que em ti mesmo esculpiu, aos projetos que você construiu.

Esqueceste-te em aceitar minha solicitação. Sequer compartilhaste o que estava em meu coração.
Me bloqueaste em suas mídias sociais, simplesmente por estares ocupado demais.

Por favor, gostaria de me desculpar. Se possível for, até mesmo me consertar.

Esse é meu login, minha vida e senha. O acesso, minha conta, tudo, por favor, os tenha.

E confesso, para meu espanto, que a mim tal conversação foi tão significativa.
A mim também, obrigado! E aceito o convite que me foi dado. Agora vamos, vá e viva.

O ESSENCIAL É REINVENTAR
 Lily de Andrade

Não há entendimento no que é futuro
O nosso tudo passa pelo agora
Por isso é tão importante usufruir do momento, da exata hora
Amar quem está ao nosso redor
Perdoar o próximo, como também o distante
Abrir os sorrisos no imediato instante
Viver o presente na sua mais completa e pura existência
Abraçar o amor e não permitir a desconexa ausência
Pois é tudo um sopro, uma brisa do nada e que se desvanece num piscar de olhos
A morte é destino, mas não caminho
Minha trilha é amar, viver e sonhar
Medo, solidão e tristeza também me conhecem, porém, não me povoam ininterruptos
Reconheço o valor de todos os sentimentos
Sejam bons ou ruins
O que é bom? O que é ruim? Pergunta me faço
Porque por eles sou lapidada, esmerilada e polida
Portanto, é bom o que por vezes considero ruim
O resto é apenas resto do que se vai
Em tempos de recomeço, o essencial é reinventar
Quanto a mim? Quero ser, inclusive estar

DE FÔLEGO CURTO

ல Lucas Josijuan Abreu Bacurau

Essa angústia que me segura na mão.
Com insistência, me derruba no chão.
Faz-me rastejar em lama podre.
És repugnante. És minha parte.
Minha carne envenenada
Escolhida. Dita abençoada.
Jorra um prazer esquisito.
Afogo. Acordo revivido.
Espasmos... Espasmos em todo o lugar
Da rua central... Até o buraco de respirar

INVERNO
 Luciana Alvim

No escuro das noites de inverno
Eu me lembro de você
Seu olhar tão frio e distante
Suas palavras sem sentido

Entorpecida
Andando pela noite
Sozinha pelas ruas
Não tenho pra onde fugir

Sem o luar
Me sinto perdida
Nada há a me guiar
Somente as lágrimas caídas

Pedaços de mim
Que fogem sem pensar
Pensamentos confusos
Palavras, tenho que calar

PALAVRAS

 Luciana Alvim

Palavras sem sentido
Que teimo em te dizer
Palavras desconexas
Só pertencem a mim e você

Sonhos repetidos
Todo dia revividos
Cada segundo perdido
De uma vida sem sentido

Às vezes o pensamento voa
Mais alto que um balão
Perdido em ideias
E estranha sensação

Lembrança viva
Na pele sofrida
Às vezes partida
Às vezes querida

VIDA

֍ Luciene Farias

Vida senta aqui, precisamos conversar.
Pega uma taça de vinho, porque nossa
Conversa é longa!
Eu agradeço por ter colocado
Os obstáculos no meu caminho,
Aprendi tanto com eles,
Eu cresci.
E o momento mais deslumbrante que vivi
Até hoje, foi em ser mãe!
Gerar um filho foi a coisa mais linda em um momento
Tão confuso da minha vida.
Pude entender o valor da vida, neste momento!
Porque
Às vezes parece tão doce: e ao mesmo tempo tão amarga!
Às vezes penso que não gosta de mim, mas daí
Vem você e me surpreende
Com algo que nunca pensei em viver.
Você sempre com suas surpresas…
Vida…
Quero te agradecer tanto
Pois vivemos momentos tão marcantes,
Uns bons, outros ruins.
Não podemos escapar deles.
No entanto,
Os momentos marcantes não se comparam!
Aprendi que podemos ser o que queremos,
Pois a vida nos dá oportunidades,

E cabe a mim o que vai ser!
Você quer mais uma taça de vinho?
Diga-me, por que bagunça tanto meu coração, na questão do amor?
Você me faz apaixonar,
E depois faz um estrago.
Parece que você se diverte com isso.
Pega leve comigo, este ano...
Pode ser?
Eu amo você, vida, mesmo com os contratempos.
Então me permita amar mais, perdoar mais, viver mais.
Conhecer este mundão lá fora! E viver tudo que eu acredito.
Ah! Vida!
Como é bom estar aqui, como é bom viver.
Fica comigo mais um tempo, e viva comigo a minha VIDA...

PARA RENASCER
Luis Guilherme Costa Berti

Não, não é preciso saber nadar!
Na vida anseio submergir
Me perdoe o azul-celeste
Mas o marinho posso sentir

Portanto,
A vida é um tanto simbiose (Provas?)
Ao oceano o elo das águas
Ao cotidiano o laço das almas
Metamorfose!
É imperativo o verbo amar

Viver é vogar rumo ao recomeço
Traço e refaço o caminho:

Enquanto for
O amor bússola
Não existirá qualquer descaminho
Tornar-se-á escada em espiral
O que outrora fora redemoinho!

INVERNO (HAIKAI)
 Luis Lucini

sem folhas, nem pólen
vento gélido semeia
— florescem poemas

NOVOS MOMENTOS (HAIKAI)
 Luis Lucini

olhar distante
na sacada, diz tanto
— idosa descansa

COA-RENTENA

Luiz Matheus Macedo Périco

Já tomei cinco xícaras de café,
Já escrevi oito poesias,
Já dancei nu pela sala,
Já não suporto os meus dias!

Mudo a estante de lugar,
Começo mais uma leitura,
Se levanto quero deitar,
E se deito me cubro de amargura!

Me embolo num pedaço de sonho,
Mas tenho medo de desencanto,
Eu desafino, mas não canto
A música que me proponho!

Derrubei um prato no chão,
Deixei em cacos minha fome,
Temperei a desilusão,
É o tédio que se come!

ENSINO REMOTO

Luiz Matheus Macedo Périco

O que se pode um garoto,
Senão na rua se sujar?
Chutar a bola, maroto,
Na calçada sentar e sonhar!

O que se pode um garoto,
Senão esfregar um tijolo no chão?
Fazer-se o piloto
Da própria imaginação!

O que se pode um garoto,
Senão na escola correr, cantar?
Está estampado no seu rosto,
Que aprender também é brincar!

Menino tagarela,
Agora está trancado em sua casa,
Como se relacionar com essa tela,
Se foi ela quem te cortou a asa?

OCO

　Maikson Damasceno Fonseca Machado

como aconteceu,
houve ou não luzes no céu?
você ficou molhado,
qual era o gosto do mar?
como giravam os cavalos daquele velho carrossel?
o cheiro de sal ainda é vivo em seus cabelos?

raramente você me viu,
mesmo quando lá estive

sinto-me oco
vazio como um tambor
um eco a vibrar
apenas ossos
leves e porosos
ocupando espaço
como a dor ou a solidão

É A MINHA VIDA

  Maikson Damasceno Fonseca Machado

amo o jeito que me chama de senhora
a forma como toca as minhas intimidades
toda chama reacende

alguém reclama ao lado
absorvida observo

— é minha vida

penso
em tudo que é segredado
penso
em tudo que o impede

à frente alguém diz palavras duras
concentro-me até perceber

— é minha vida

desvelo um emaranhado
de verdades que me venho contando dia a dia
arrevesado o trânsito abre
aos sons das buzinas
todos olham

— é a minha vida

RASTROS
 Marcel Esperante

Entrou
tinha o olhar
profundo
E vago

peixes
abissais
nadando
em seu rosto

lábios selados
sem tempo

silêncio
velado
em semblante
melancólico

Saiu
Os olhos
disseram
tudo

eram
o fundo
de um
lago

LAÇOS
❧ Marcel Esperante

O laço partido
Antes do nó...

Madrugada
Manhã sem sol...

Os dias
Despetalando lentamente
da raiz ao caule...
Até às folhas secas
murchas ao vento
sem mensagem
Alguma...

Pássaros batem asas
Voando sem primaveras
Brilhos e faíscas noturnas
colorindo a minguante
O tempo correndo
mais que o relógio...

A noite chegou talvez
Prematura demais...
Maio passou veloz
Chegou inteiro...

Não tem som de canção
A erva daninha
nasceu no canteiro...

Nem chão nem raiz...
O tempo lucidamente
Despedaçando
em folhas secas
Feito mensagem sem endereço...

VOO CEGO

  Marcela dos Santos Lima

Sem pés
E sem chão
As asas voaram para dentro.
Mudaram o sentido, a rota, o gozo, o destino
Mudaram sua função!
As asas voaram para
Dentro do corpo.
Voo em mim
Sem direção
Não há limites para os sentidos.
Viver é ser
E um não ser todos os dias.
Ando mesmo dançando para dentro.
Ah! Essa eterna tessitura…
Corpo, fé, vida, coragem.
Em minhas asas
Meu corpo inteiro
O dentro e o fora
Uniram-se em prece.
O que ainda é
Possível ser e crer?
Sigo cuidadosa
Eu
Com minhas delicadezas…

TEMPO MEMÓRIA

༒ Marcela dos Santos Lima

A memória é vizinha do
Imaginário que quer ser
Vivido.
Estados de dependência mútua.
Viver
Em potência dos gestos,
Em palavras
Que tocam
Línguas...
Lembranças que lambuzam
peles,
epidermes,
tons...
Memória é
cheiro
encarnado,
Gosto assanhado,
Arrepio incrustado...
A memória tem
Um péssimo hábito
De fingir
que é saudade.
É a Senhora
dos sentimentos
ocultos.
Sim!
De todos os sentimentos ocultos.

Veio me visitar hoje!
Uma substância viva
Que em um pequeno gesto
Lançou-me as mãos encostando-me os olhos e
Teceu sorrisos...
Afagos!
A memória?
Trouxe-me
A mim
Como um presente
E pediu:
Cubra-me de agora...

DESFRUTAR

୧ Marcos José de Vasconcelos

Desde a primavera,
Raiou no meu céu um novo amor,
Que quando estava no auge,
Me trouxe o maior sentimento de dor,

Chegamos ao momento da separação,
Logo de ti que adorei o teu olhar,
De ti que encontrastes minha emoção,
Deixou num instante o desejo terminar,

Reconheci o sofrimento apaixonante,
Que me deixastes depois de amar,
Formosa em seu jeito delirante,

Me fez viver um eterno adorar,
Mas sofri a agonia mais vibrante,
Que foi te perder em pleno desfrutar.

NASCE UM AMOR
 Marcos José de Vasconcelos

O brilho dos olhos,
Um sorriso franco,
A voz cheia de vida,
Que expressava contentamento,

Mãos e lábios em conjunto,
Numa conversa empolgante,
Regada por um suco de laranja,
Um encontro aconchegante,

Uma volta a passos lentos,
Um sorvete em outro instante,
Transpirava feliz naqueles momentos,

Transbordando música e poesia,
A entrega perfeita dos sentimentos,
Nasce um amor neste dia.

EXÍLIO

◈ Maria de Fátima Moreira Sampaio

Movo um momento
Encontro a verdade
Mas qual firmamento
Pura possibilidade!

Desespero, mas não morro
Aprisionada em mim
A real invisibilidade
De viver até o fim!

Assim, facilito a singela punição
De contentar-me tão somente
Com a prisão da solidão

Se precisas de mim, da indiferença abro mão
Se amas a mim, enlouqueço sem compreensão.

Revelo segredos guardados entre irmãos,
Proeza infecta construída a quatro mãos

Cela composta
De todos os pecados
Selo um trato com a sorte
De viver fingindo conhecer
O presente e o passado

VIA CRÚCIS

🙠 Maria de Fátima Moreira Sampaio

Oh, mãe, estou aqui
Diante do front,
Tão longe de mim!

Oh, mãe, perdoa-me, sei que vou embora
Não voltarei mais para teus braços
O que eu fiz de mim?

O inimigo, mãe, não tem piedade nem idade
Desculpe-me pela saudade

O tempo vai partindo silenciosamente
Cada amor que há em mim

O céu se apavora e eu só penso em ir embora
Mas para onde? Já não há mais hora
Estou indo e vindo sem sair daqui
Isso não traz boa sorte...

Adeus, adeus, mãe.
Agora deito e espero que o céu me leve devagar...

Acho que alguém veio me pegar...
Anjo ou demônio? Será deus ou um engano?

Olá, mãe!
Que bom que você veio me buscar...

TODA MÃE!

Maria José Oliveira

Toda mãe tem um sensor
Sente o frio e o calor,
Sente o fervor
Ou o clamor do seu filho,
Toda mãe é coração aflito.

Toda mãe é feita de magia
Ela cria,
Ela ensina,
Acaricia e anima.
Toda mãe aprende a ser abrigo.

Toda mãe é nota musical
Canta pra dormir,
Canta pra sorrir,
Canta pra brincar
Canta pra dançar
Canta pra ralhar e corrigir a gente.
Canta até pra dizer o que sente.

Toda mãe é um encanto
Seu cheiro
Seu jeito
Seu riso e acalanto
Seu colo vira o nosso "canto".

Toda mãe! É amor sem medida!
Não cabe no coração,
Nem nas notas da canção,
Transborda a emoção!
As rimas são pequeninas.

Toda mãe é oração que começa
E nunca termina.

A VIDA!
 Maria José Oliveira

Passa, passa
Passageira
Passa o tempo
A vida inteira.

Tic, tac,
Já é hora.
Se encaixa,
Logo, agora!
Que o relógio é ligeiro.

Vive
Ama
Canta
Dança
Só não esquece o ponteiro.

Que o momento
É uma dança,
Que balança
O tempo inteiro.

Lagoa Nova, 22 de junho de 2020

PROMESSA
 ﹋ Merian Ravera

Eu prometo que ao seu lado vou estar
Não importa a circunstância
Não importa o que há de vir
Juntos iremos estar.

Meu abraço estará te aguardando em seus momentos de fraqueza,
Meus ouvidos estarão atentos para suas conquistas ou desafogo,
Dos meus lábios sairão palavras de conforto, atenção e encorajamento
Todas as manhãs te receberei em silêncio...
Logo um abraço apertado e afetuoso dará início a sua manhã, na intenção de que leve consigo um pedacinho de mim

Eu prometo lhe desejar bênçãos para o seu dia
E ao findar, lhe receber calorosamente podendo encontrar afago e paz em meus braços
Eu prometo anoitecer ao seu lado, lhe preparar um jantar ou brincarmos de *chef*

Eu prometo ser assim como me vês e mais.
Eu prometo ser confiança desde já e para sempre.
Eu prometo ser singular.

PERMITIR
℘ Merian Ravera

Me permito sentir o amor
Me permito o conceder
Quero o amor puro dos contos
E o ardor da realidade

Eu lhe quero incessante
Inalterável, até o limite.
Ser companheiro nessa jornada da vida.

SÚPLICA DE MEU OLHAR

 Milena Paim

Minha boca fala
Meu coração discorda
E se abala
Quando recorda

Tanto falar
Contra vontade
Para evitar
Temor mais tarde

Mas meu coração
Sente a dor disso
Dessa prisão
Que é ser impedido

Minha boca mente
Meu coração é sincero
Demonstra tudo que sente
Em um olhar singelo

Meus olhos, então
Imploram por ajuda
Procuram em vão
Alguém que me acuda

Porém ninguém escuta
Esse grito silencioso
Verdade absoluta
De um coração ansioso

Procura libertação
Para gritar suas vontades
Se livrar da escravidão
Que o medo impõe na humanidade

Minha boca não pode revelar
O que meu coração sente
Mas transmite para o olhar
A mensagem que ninguém entende

A verdade está exposta
Em meus olhos castanhos
Mas não recebo resposta
Muito menos algum ganho

O mal da sociedade
É não parar para interpretar
Toda a sinceridade
Que se carrega em um olhar

Minha boca não explica
Mas meu coração é esclarecedor
Talvez por aí exista
Alguém que me tire dessa dor

Que em meus olhos enxergue
Esse pedido de súplica
E então me liberte
Para uma vida sem culpa

SORRISO DE HIENA

🙦 Mirelle Cristina da Silva

É gente sem ar
É gente sem chão
É gente aprisionada
É gente desmiolada
É pipa solta no céu!
É gente partindo
É gente sorrindo
É gente morrendo...
De rir!
É sorriso
É risada de hiena
Estridente
Imprudente
Indecente!

AMOR AO PRÓXIMO
 Orquídea da Chapada*

Olhai o mundo como está atribulado
É peste, é guerra, desastres, destruição
Seres humanos não olham mais para o lado
Não querem ver o sofrimento do irmão.

E quando a dor bate de leve em cada porta
Na correria, salve-se quem puder
Se atropelam, pisoteiam, quem se importa?
Vence aquele que conseguir ficar de pé.

De que adianta vencer derrubando alguém?
Esta pergunta alguém pode responder?
Pois ser feliz é ver o outro se dar bem
O amor que damos é o que vamos receber.

Um abraço amigo, uma palavra, ou algo mais
Nunca se prive, irmão, em oferecer
Transmita sempre alegria, amor e paz
E não se assuste se o mais feliz for você.

* Pseudônimo da autora Ana da Silva

BUSCA
　❦　Orquídea da Chapada

Busco na fonte da vida
Atitudes cristalinas
Para matar a sede de justiça
E apagar o fogo da ignorância.
Que queima o estatuto das virtudes
Matando a prudência, a tolerância,
Os sonhos e o sentimento,
Sem nenhum argumento.

Busco no brilho das estrelas
Busco no raio do luar
Um motivo para seguir
Razões para recomeçar
E escuto a voz de Deus
No meu coração a pulsar
Dizendo: Calma, vai passar!

QUERO TE FALAR
 Policarpo

Dos meus olhos que nada veem até mirá-la,
do tremor de minhas mãos ao tocá-la.
do meu ar a se exaurir,
que sôfrega, até seu cheiro me invadir.

Do arrepio na nuca quando vejo teus seios a me apontar,
tua boca entreabrir
e tua língua pelos lábios passear,
meus olhos se fecham a imaginar...

Ao andar, tua dança me envolve e me deixo levar, a qualquer lugar.
Teus contornos, tateio com minha imaginação...
Quando vem chegando, meu sangue congela, minha cabeça roda...
O mundo gira e você no centro, minha boca seca e para o coração.

Para tê-la, se possível for,
imagino como seria sentir o seu calor,
no roçar de nossos corpos,
sem dor ou pudor.

Na mistura de nosso suor,
chego ao Olimpo com minhas asas abertas,
e eu aberto te recebo,
enfiado por entre suas pernas.

Desmancho-me sobre seu ventre,
ouvindo estrelas
a bailar,
ao som de nossa música, a tocar.

SOBRE SAUDADES

&~ Priscila Aline da Silva

A lembrança presente:
A imagem da roupa, a cor,
O cheiro do perfume,
O som da voz,
O jeito de olhar,
Um momento gravado e reproduzido
Sempre na memória.

Saudade é um punhal
Ferindo a ferida já aberta.
É o constar da ausência:
O abraço não abraçado,
A palavra não pronunciada,
O suspiro suspenso,
O apertar no coração.
É um soco no estômago
Falta ar...

Saudade é bicho feroz
Arranhando a alma,
Fazendo-a saber que a lembrança presente
É apenas lembrança:
Não é real,
Não é fato,
Não és palpável...

VITRINE

～ Priscila Moreira Gouveia

Para cada instante um segundo
Do amor mais profundo
Que habita a Terra
Ainda existe algo assim no mundo?
Ou somos todos ilusionistas
Que transformam truques em poesias?
Uma cidade de vidro seria mais do estilo
Da nova humanidade
Brilhante e Quebradiça
Assustadora e Reluzente
Eles finalmente fizeram Narcisos que não florescem
Narcisos que dispensam espelhos
Quebrados desde a raiz
Majestosa insensibilidade
Encolhidas, escondidas em teu manto
Lágrimas pujantes selam a verdade
Ser amado é o mais cálido desejo
Ser desejado, o mais tolo engano
Quem de nós será o primeiro a desistir dos falsos encantos?

TODAS AS FORMAS

 Priscila Moreira Gouveia

Ele nos liga ao infinito
Encontra o universo dentro de nós
Faz do medo coragem
E da dor resiliência
Ele nos conforta e nos abraça
Não mente ou desfoca a realidade
Às vezes surge em meio à adversidade
N'outras sempre esteve ali
Oculto entre o singelo e o imperceptível
Ele nos arranca de uma vida para outra
Fazendo com que renascer pareça natural
E naturalmente nos faz crer em algo mais
Nos faz ir além
Por querer proteger alguém
É o poder supremo de que só ele é capaz

ANSIEDADE
ལྷ Raphael de Souza Pereira

Quem sou eu, senão terra arrasada?
Quem sou eu, senão emissário do caos?
Quem sou eu, senão uma piada repulsiva?
Quem sou eu, senão o fruto dos maus?

Quem sou eu, senão feto abortado?
Quem sou eu, senão os vermes da víscera exposta?
Quem sou eu, senão o som irritante do assoalho?
Quem sou eu, senão ferida à mostra?

Quem sou eu, senão a dor de muitos?
Quem sou eu, senão água salgada?
Quem sou eu, senão boneco de acúleos?
Quem sou eu, senão o corte da espada?

Quem sou eu, senão a prostituta?
Quem sou eu, senão o milagre?
Quem sou eu, senão a má conduta?
Quem sou eu, senão o vinho agre?

Quem sou eu, senão o corpo com maltrapilhos?
Quem sou eu, senão a atmosfera de Júpiter?
Quem sou eu, senão grandes desertos congelados?
Quem sou eu, senão o mal-me-quer?

Tive início

sem meios

e prevejo o fim.

VIDA COTIDIANA

 Raphael de Souza Pereira

Nossos cadáveres
Imersos em suas caixas de madeira
Inconspicuamente, vivem em seus lares
Esperando a hora derradeira

Desde tenra idade esperando o final
Nascemos, crescemos e sofremos,
envelhecendo até o respiro cabal,
Adiamos a morte até quando podemos

Celebramos as imperfeições,
acreditando em nossas decisões
sempre ouvindo os velhos charlatões
até que em nossos peitos sejam jogados os botões

Entre o começo e o fim há uma grande farra
O carnaval que nunca acaba
A orgia mais destrutiva
O tempo da felicidade implantada

Existe um fim
Esperamos o fim
Suportamos o fim
Sempre é o fim

O NAVIO
 Raquel Guedes Vieira

Partiu
mar adentro
o navio

Levando
vidas sonhos
lembranças

O passado
livre era
apenas um borrão

Navegava por
ondas escuras
e distantes

Tudo ficou
a terra nativa
a liberdade mas
a alma, livre.

CORES
Raquel Guedes Vieira

Ora vivas e claras
ora nebulosas e
misteriosas

Que se espalham
uniformes ou desconexas
nesse deserto chamado terra

E como um funil
ora flui despreocupada
ora goteja lágrimas amargas

E num cenário
apresentam-se nesse palco
chamado vida.

DIVINDADE
 Raquel Pereira Carvalho

Conversei com a eternidade
O ser humano nasce pra ser seu próprio herói, heroína
Conversando com a existência
Descobri que sua totalidade é única
Pode-se perceber que o prazer é efêmero
Há serenidade em perceber que o tempo transcorre rapidamente
Vida, você me deu a compreensão das horas
Vida, tu és milagre, fé, transmutação e cura
Estou vivo
Há tanto sangue nas veias
Há tanta vida lá fora
Quem dera nesse sonho...
Quem dera sermos imortais

MEIO SÉCULO
 Raquel Pereira Carvalho

Floresço em êxtase
Na minha jornada, na minha viagem, completo meio século de vida
Me sinto no topo de uma colina
Num fim de tarde com raios dourados refletidos na relva
De sorriso aberto comemoro
Minha recompensa é a vida
E nessa mágica
O prazer de ter seus olhos fitados nos meus
Gratidão, vida!

QUARENTENA
 ❧ Regina Garbazza

Assim como todos os mortos
aguardam, nos túmulos, a ressurreição,
permanecemos dentro de casa
aguardando, de Deus, compaixão.
E pedimos a Ele com fervor
que nos liberte desse pavor!

Mesmo que ela seja iminente
sendo o fim de toda a gente,
diante da realidade da morte
não há quem seja tão forte.
Ninguém fica indiferente
com esse mal tão presente.

Mas por que tanto alarde
com o que chega cedo ou tarde?
A morte é coisa tão certa!
Temos que ficar alerta!
Todo o sentido do nosso viver
é para valer a pena o dia de morrer.

Quem por Jesus tem amor
suporta dessa vida toda a dor.
Aceita o sofrimento profundo
pois esse é o sentido desse mundo.
Sabemos que toda a gente
Que, no coração, o amor de Deus sente,
Pede e espera o Céu como presente!

BEIJA-ME

✿ Roseli Furini

Beija-me,
Com toda a delicadeza, e quietude de um homem apaixonado,
Olha-me,
Com todo o amor que seu amor pode sentir,
E eu serei então para você
O doce acordar de uma manhã primaveril
A luz da lua, em noite estrelada,
A doçura, de uma noite quente de verão,
E serei tua liberdade, tua mulher, tua amante,
Mas nunca serei saudade...
Porque se a saudade nos invadir,
É o tempo, quebrando os laços,
Desfazendo nossos passos, e nos enlaçando em tranquila solidão,
Descansa em meu abraço,
E enquanto tua boca me entregar, teu amor molhado,
Então... estaremos salvos,
Teu corpo continuará sendo meu destino,
E buscarei em ti,
Razão para me sentir inteira!!!

Março de 2020

SOLIDÃO

Roseli Furini

Não é necessariamente estar só!
Solidão é ausência, é escolha!
— Eu te quero, mas não permito descaso.
Escolha!
Solidão é saudade assumida,
É a contramão da submissão, e da indiferença,
Solidão é a companheira perfeita para inspiração,
Solidão é alegria sofrida,
É dor contida, lágrima reprimida,
Solidão é alivio, é silêncio, é paz, é dor aguda.
Solidão é também lembrança de amores vividos,
Amigos queridos, músicas preferidas, vinhos bebidos.
Solidão é para os corajosos,
Para os que não têm medo de sua própria companhia,
Solidão é se preservar, mas não fugir,
É força para se retirar, e se fortalecer,
Solidão é observar, e não julgar,
Solidão é querer ficar só, e saber valorizar a dor,
É buscar a cura….dentro,
Sem culpar o outro,
Solidão é fazer seresta silenciosa, ao próprio coração,
É aliviar a alma do barulho inquietante da mente!
Solidão… Se bem vivida, É magia, É doçura, É a gargalhada da vida!!

Fevereiro de 2020

EU ESCREVI UM POEMA NO CÉU
୬ Roberto Dourado Santos da Silva

Eu escrevi um poema no céu
Pois eu estava de papo pro ar
Bem junto à praia meu corpo aquiesceu
Eu fiz n'areia minha espádua deitar

Eu pus nos astros os versos tão meus
Com o coração pendurado ao luar
Eu escrevi um poema no céu
Pois eu estava de papo pro ar

Eu já nem sei o que me aconteceu
Só sei mil anjos vieram falar
Que eu usava a escrivaninha de Deus
Onde ele escreve a beleza do amar
Eu escrevi um poema no céu

FOLHAS SECAS
 Roberto Dourado Santos da Silva

Perdi um cego amor nas folhas secas
De um oásis da loucura a imaginar
Ah, quem sabe os livros, em perdidas bibliotecas,
Possam falar n'algum romance o que é o amar

E perscrutando em qual caminho tu não pecas
E a me trair num sonho incauto a vacilar
Perdi um cego amor nas folhas secas
De um oásis da loucura a imaginar

Quero apagar-te da memória, pois intrínsecas,
Tuas imagens continuam a perturbar
O meu sossego, a minha paz e de enxaquecas
Invade-me a vida, pois só vivo a lembrar:
Perdi um cego amor nas folhas secas

SENSAÇÕES

 Rodrigo Oliveira

no horizonte
tintas e figuras
fios de tecido em movimento.

Londrina, 13 de maio de 2020

FORMAÇÃO
Rodrigo Oliveira

manhãs com neblina
com um leve
toque de poesia.

Londrina, 15 de junho de 2020

O DESMORRER
 Ronaldson Sousa

Velhinho…
ficar velhinho…
até o vício de todo início
de continuar além ponteiros
relógio enferrujando
— entre tramas de janeiros.

Desde o início do início
num círculo de vício infinito

de continuar sempre
sem ter fim, só novelo
motriz de redemoinho
e desenredo do sacrifício.

Fio a fio
desalinhar até o orifício,
assim gasta-se a imortalidade do tempo?
suas nuvens de alegria e tormento?

Ficar velhinho… Ficar velhinho até esquecer-se…
já sem calendários, sem relógios, sem juízo
já sem dinheiro, sem vaidades, sorte ou sina
(rugas que a vida ensina)…
ficar velhinho… bem velhinho…
num corpo mero talo murcho
já sem sexo, sem dentes, sem cabelos
sem parentes ou entes de abrigo
sem sonhos, agendas, expectativas ou planos
(sem hobbies de coleção, só canteiros de solidão)
sufocando os seus ais
ali, o velhinho
num canto da casa, da sala ou quarto de asilo
só mãos (já gravetos indefesos) sem linhas:
que destino?
este já em stop final
só asas de bebê-anjo
e sorriso banguela de menino.

e assim (e por começo do fim)
findar velhinho…
sem despedida, alvorecendo sem morrer
e sem morrer, alvorecendo ainda…
(em confusão de alba e poente)
velhinho já enganando a morte
dando pinotes num enrugado desmorrer
e já sem esperança alguma
e sem graça ou desgraça nenhuma

ir saindo de fininho
— Até logo:
ao umbigo do comecinho.

A CASA DE NERUDA

 Ronaldson Sousa

Abre-se em cômodos
Que mais que janelas:

Pálpebras

Abrem-se ao mar
Desnuda-se
Neruda-se
Cada espaço objetos de luz e móveis
Da vida que passou

Mas,
Não passou...

A cama ao mar
Nau e barco
A cama derradeira
Entre lençóis seus soluços
Uivos de dor —
Desnuda-se ainda
Neruda-se ainda
Uma dor
Tão sangrenta
Quanto chilena
Tão solene quanto imensa

Quanto o mar
Que lhe serve de lágrima.

Valparaíso, Chile, 29 de dezembro de 2019
(La Sebastiana)

HAIKAIS
 Samuel de Souza

Gotas de esperança
Ventos alvissareiros
Orvalho bendito

***

Plumas na paisagem
Terra esperando o arado
Vigor da colheita

***

Um cântico novo
Alvorecer no horizonte
Semente do hoje

VEM COMIGO PARA SNÍVAT'

🙵 Samuel SanCastro

Ai, que inveja de Manoel Bandeira, que tinha escolha verdadeira
De, na hora derradeira, ir-se embora pra Pasárgada
Dizem que era sujeito influente e até mesmo amigo do rei
Se foi-se embora algum dia, até hoje eu não sei

Só sei que era poeta e que essa gente é muito louca
Como uma tal de Lúcia Pevensie que entrou num guarda-roupa
E numa terra encantada, como rainha foi viver
Também queria ir pra Nárnia e desse mundo me esquecer

Como Alice através do espelho ou correndo atrás do coelho
Eu tomaria a pílula vermelha e seguiria o senhor Morpheus
Porque esse mundo é muito chato e fui só eu quem percebeu

Ai, que inveja do poeta que se exilou em sua própria escrita
Vou fazer a mesma coisa; criar uma Terra somente minha
Vou-me embora, meu amor, vem comigo para Snívat'

SONETO AO AMOR VERDADEIRO
Samuel SanCastro

Não me lembro bem onde a vi primeiro
Recordo-me, no entanto, como foi o sentimento
Um grito preso na garganta, um murmúrio sofrimento
Pois no peito acalentava a certeza do amor verdadeiro

Admirava-te de longe querendo possuir-te um dia
Eras dele, às vezes dela, mas nunca, nunca minha
Te vi ingênua e atrevida, em outros lábios, entre outros dedos
Inocente qual criança, sacana como o medo

Descobri que sempre fostes em meus olhos a verdade
Desisti de conquistar-te ou fazer-te somente minha
Posto que és musa iníqua e sacra, entidade, sereia e ninfa

Dos escritores, és a letra, dos regentes, a batuta
Onipresente e abstrata, como do mar a maresia
Sempre serás amor verdadeiro, és minha amada poesia.

CORTE
 Silmar de Souza Júnior

Cortado
Rasgado
Ouvindo o tempo
Com medo
Sem saber o que desejo
Medo de tudo que vejo
De escrever
Respirar
Viver
Como posso continuar?
Se quando vejo um carro passar
Já me tremo
Vendo todos passarem
E eu aguardando o momento
Mas o que intento?
Nisso não penso

SONHEI

Silmar de Souza Júnior

Do amor que não se tem
Da saudade que se sente
Da paixão que só existe
Aqui na minha mente
Inventando uma paixão
Pelo inconsciente
Para preencher o vazio existente
Há alguém nesse mundo
Complacente
Venha a mim agora
Pois há muito não se sente
Quero criar esse amor imaginário
Por uma pessoa existente

MURO DAS LAMENTAÇÕES

෴ Solange Rabelo

No sonho sonhado,
do lado de fora da janela,
homens, mulheres, crianças caminhavam na rua,
em fila indiana,
ela saiu e os acompanhou pela estrada,
em direção à terra santa,
permaneciam a maior parte do tempo
atentos aos movimentos leves e sutis da alma,

imaginavam o som da harpa de Davi,
ouviam músicas da natureza,
em círculo, dançavam,
comiam, bebiam do maná,
dormiam recordando,
antes de entrar na cidade de Jerusalém,
deram 3 passos para trás
e 3 passos para frente,
cantaram,
era *shabath*,
o arcanjo das ruas os conduzia
para o muro das lamentações,
avançaram sem olhar para trás,
meditaram no que desejavam,
no que necessitam.
Diante das pedras douradas,
cada um deles era inconfundível,
para o senhor invisível,
cada um era chamado pelo seu nome,
cada nome tinha um significado.

MAR TRANQUILO
୰ Solange Rabelo

Na primavera,
seu corpo despertou,
 do vidro fino da janela,
 ela olhou e viu,
cruzaram o olhar,
era sonho desperto,
não havia outro como ele,
era como o mar tranquilo,
soprado lentamente pelo vento.
Adormeceu pensando:
 "mar tranquilo,
 me vejo em ti,
 sabes muito sobre mim,
irei encontrá-lo,
chamarei teu nome,
contemplarei a mim mesma,
 no reflexo de teus olhos".
 No sonho,
 entrou no oceano inesgotável,
encontrou…

O ÔNIBUS PASSA, MAS NÃO PARA

&~ Táina Sena

Meu ônibus passa, mas não para.
Não que não me tenha notado ali
Mas por não estar preparado para minha embarcação
Tudo bem
Respeito o meu tempo e o dele
Continuo ali
E observo a natureza, as pequenas coisas, minha calma naquela espera…
Observo o arriscar de tantas pessoas
O fluxo maravilhoso do ir e vir
Quando percebo já estou em movimento
Não é que minha espera tenha chegado ao final
Eu ainda espero
Mas dessa vez me recuso a ficar estagnada
Sigo a minha jornada
Talvez você passe e pare
Talvez eu suba
Talvez você já não seja mais o meu destino
Descubra

MEDO DO AMOR

 Táina Sena

Repleta de medos, ela corria
Recolhia argumentos para se ausentar
Sumia

Repleta de experiências traumatizantes, ela fugia
Repelia
Nunca ia

Vazio
Nada de novo
Só os velhos medos e as experiências antigas
Elas eram suas únicas companhias

Olhava para o céu e se questionava "Até quando?"
O céu, tão gentil, respondia traçando um rastro com as estrelas
Mas ela não seguia
Não entendia

A outra moça continuava lá
Persistia
Insistia

Mas a nossa menina… não via
Uma parte dela temia
Uma parte dela morria… dia a dia.

Talita Coelho

Quando era menina,
escrevia poesia por graça.
Graça mesmo:
achava graça das rimas e aliterações.
E rimava dedo com medo,
sem pretensão alguma.
Gostava de Mario Quintana e Sylvia Orthof.
E o pato do Vinícius...
Vinícius eu cresci amando.
Quando adolescente,
tentava memorizar os sonetos.
O perfeito drama *teen*:
"de repente, o riso se fez pranto".
Usei em cartas de amor e *status* do MSN.
E vieram outros poetas,
preenchendo o coração quando vazio.
Faz uns 3 anos, voltei a escrever.
Escrever para mim e não mensagens de aniversário.
Meu pai sempre foi sabido
e me mandou um texto do Rubem Alves
que mudou tudo:
"Ostra feliz não faz pérola"
Agora adulta, escrevo poesia por dor:
aquele grão de areia, na minha concha,
incomoda;
aquilo no mundo, que eu queria mudar, arranha.
A poesia é a capa do grão de areia,
o jeito do meu coração se livrar da dor.

E quem abrir minha concha
vai ler a pérola.
A pérola não eliminou a tristeza,
mas sua beleza a deixa suportável.
Não é verdade
que os poetas são tristes,
mas nos dias felizes eles não escrevem poesia:
apenas vivem.
Porque ostra feliz não faz pérola.

Talita Coelho

Alguém tem uma indicação?
Procuro nos classificados,
uma casa cheia de janelas:
preciso diversificar minhas perspectivas.
Troco sapatos
por um par de binóculos
de longo alcance.
Nunca se sabe
quanto tempo demora
a alcançar os horizontes,
que eu não os perca de vista!
Compro livros usados, daqueles bem surrados, cheios de
anotações e grifos;
quero compartilhar das ideias dos outros,
é urgente!
Prometo devolver com orelhas e comentários.
Me ofereço para passear com seus cachorros,
preciso compartilhar minhas feituras com alguém que fique
verdadeiramente feliz
por aquilo que eu pude ser;
mesmo que não seja nada naquele dia — só uma volta pelo
quarteirão.
Eu tinha uma coleção de ouvidos pontuais e superficiais,
parece que sumiram agora.
Quais fones funcionam como amigo?
Ainda quero um relicário no meio da sala,
para guardar elogios,
mas de futuras memórias:

conversas que valham mais do que
"tudo bem com você?" e saudades frias.
Eu estou mandando uns carinhos a distância,
quem quiser distribuo poemas.
Ainda tem mais coisa,
vou pesquisar no Google.
A nossa percepção de mundo aumenta quando o mundo é reduzido.

CÉU OUTONAL
 Tauã Lima Verdan Rangel

A brisa sopra com grande intensidade
Quase um chicote sobre a felicidade
Em um clamor contínuo e desmedido
Eu sigo na trilha sinuosa, tão perdido

Busco uma referência, a luminosidade
Nada encontro, apenas a sagacidade
O céu outonal está denso, tão cinzento
É uma promessa ou será um alento?

Não busco redenção, busco expiação
Por tantos tropeços, um doce perdão
Para as lágrimas salgadas derramadas

Talvez algo capaz de acabar com a dor
Um bálsamo curativo, um desejoso amor
Uma batida do coração tão apaixonada

CAMPOS DE GIRASSOL

౿ Tauã Lima Verdan Rangel

O sol tinge a imensidão com beleza
Um amarelo intenso, tanta sutileza
Capaz de afagar a alma tão perdida
Dissipar a dor de uma mente aflita

O amarelo se revela ao olhar fitado
É um caleidoscópio de tom dourado
Entre formas que se guiam no ar
Um suspiro amoroso está a inundar

Girassóis dançam ao sabor do vento
Um afago na face, mais um momento
Terno que aquece o coração palpitante
Preenche a íris dilatada a visão delirante

Um querer sem-fim, desejo confessado
Amor em amarelo, girassol inflamado
Em campos verdejantes e iridescentes
Onírica visão, metamorfose de repente

FLOR INÍQUA

୶ Telma Marques

Racismo flor maculada
Que nasce e cresce no solo árido da sociedade
Seus espinhos ferem as mãos de quem tenta arrancá-la,
E os que a plantam cultivam e a regam todos os dias
Suas pétalas caem e crescem rapidamente
Mais a raiz é profunda...
Flor que esconde em sua fragilidade singular.
Um sentimento velado de aversão ao próximo,
Ditos diferentes,
Em pleno século moderno.
Flor iníqua... danosa... E nociva!

Crônicas Noturnas

UM CONTO UM PONTO
ꞌ❧ Telma Marques

Um texto antigo
Mas mexe comigo
Ao recitar
Um conto que conta e reconta,
Um conto que tricota e recorta
Um conto que reporta
Apenas aquilo que devemos contar
E a contar, recontar…

Crônicas Noturnas

ABRAÇO
 Thais Sousa

Acolhe(dor)
Acalenta(dor)
Afaga(dor)
Amima(dor)
Acaricia(dor)
De todas essas dores,
O abraço. O amplexo
Mãos ao alto!
Isto é um abraço!
Hoje sinto tanta falta desse
Do encostar coração com coração
E banhar-se de amor duplo
Desse aperto por entre os braços
Num encontro de emoções
Da cumplicidade de um gesto sem palavras
O entendimento de almas
Todos os abraços impulsionam
A seguir, a vencer, a sobreviver
Todos os abraços
Aliviam, salvam, curam
Viver dias sem o encontro de corações
É ter dias tão amenos
Sem sal… Nem açúcar
Sem cheiro… Nem cor
Respirei, imaginei, pedi, agradeci
E com tanto amor e dor
Me faltaram palavras
Porque nem tudo é dito através delas
Me abracei.

TSS – 06062020

TUDO OU NADA

∞ Thais Sousa

Nada.

Tudo.

Os opostos nem se percebem e são tão completos.

Nada se torna tão cheio quanto o tudo e tão vazio quanto o nada.

Coisa nula é pensar no que não existe.

Todavia, o que existe é tudo!

De nada. Por nada.

Em agradecimento ao obrigado(a).

E por que não dizemos, de tudo? Por tudo?

Digo, antes de tudo.

Dizem, antes de mais nada.

Em vão, dizemos: nada feito!

Nada de novo.

Seria nada de novo, dizendo, nada de novidade ou nada de novo de ser nada novamente?

Vim do nada, para dizer, que nada pode ser tudo, e voltarei ao nada.

Nada é tão lindo quanto estar perto de quem amamos.

Nada é tão gostoso quanto aquela comida de que gostamos.

Nada é tão prazeroso quanto estar onde estamos.

Nada é tão vivo quanto o ar que respiramos.

Isso não é tudo?

Por inteira, me coloco na condição do que se apresenta em sua totalidade, e lhe digo: o nada e o tudo são tão poéticos quando cabem um no outro.

Mais que tudo isso.

Mostro-nos a excessiva importância de nada mais, nada menos ser tudo mais, tudo menos.

Quero que meu tudo inteiro seja o estado de ser completo no meu vazio.

Os opostos deram as mãos e seguiram sendo tudo ou nada juntos.

Você não faz ideia do quão forte se tornou o tudo quando sentiu a presença da não existência.

TSS – 21052020

CAMINHAM PELOS TRILHOS DO MUNDO
 Thales Salgado

Mesmo após sair dos sonhos
Ela embarca em outro dia
Tem nos olhos o verão

Refletindo o lado avesso
O oposto a gravidade
Transitada em suas mãos

Resoluta ela parte
E narcisos imprecisos
Mal a veem sair do chão

Os operários de Tarsila na estação da Luz
Caminham pelos trilhos do mundo
Buscando a quem conduz
E que nunca vem
Não vem!

Quanto se deixa em estações?
Nenhuma esfinge saberá
Os sentimentos em nudez
Contrários a qualquer talvez

Não salte! De branco.
Não salte! Só olha.
Vejo as mãos, ao vento
Só a trajetória

Tanta emergência nos desvãos
Os emergentes, sem ação
Rompa o silêncio em avidez
Tudo só acaba uma vez

SALTO CONTRA O MEDO DE CALAR
 ↝ Thales Salgado

Fiquei distante
Por tanto tempo (por quanto tempo?)
Nada é como antes
(E os lamentos, e tanto pranto)
Parte de mim
Evitando olhar
O Espelho

Debilitante
Só olhar pra dentro, o que vai sendo?
Não obstante
Alheamento não é remanso
Sempre estive
A oeste
E não percebia:

Dois amigos, nas trincheiras
Dissertando a bandeira
Suas cores e valores
Outra vez, ameaçadas
Mãos se enlaçam
Não disfarçam
Saltam contra o medo de calar.

Que as palavras sejam os projéteis
Artilharia para aproximar
Revolver nosso peito
Bem mais que apenas
Um sol de inverno
Enlace terno
Mais que a ilusão de paz.

ESPERA, ESPERANÇA

Vaneza Lopes

Olho para o horizonte
Então vejo, mesmo de longe,
Uma possibilidade.
Uma esperança.

Agarro-me a ela como sendo única.
Não há outra forma de ver
De enxergar, de aceitar
Um futuro nessa esperança.

Mas há algo que me puxa!
Lança-me contra o muro da realidade.
Bato e estremeço. Tento levantar.
Levanto e caio. Tenho que levantar.

Dessa vez, ergo-me com mais força.
Estou acreditando na possibilidade.
Abraço a esperança.
E vivo na incerteza da singularidade.

Olho o horizonte. É azul.
Sinto no peito o pavor da realidade,
Mas respiro esperança.
Respiro… esperança…

ALTOS PENSAMENTOS

୶ Vaneza Lopes

Viver é aprender
Saber entender
As mensagens
Da vida.

Viver não é fácil
Difícil compreender
Todas as nuances
Do ser.

Viver sem saber
Desconhecer sua existência
Sem perceber
A fantástica experiência

Viver é ser
Entender
Experimentar
Deixar-se levar
Não lamentar
Pois, se não viver,
O que resta é morrer.

O JARDIM DA VIDA
 ❧ Willame Coelho Alves Filho

No horto do pensamento vejo:
Límpidos e cristalinos rios...
Lágrimas dançam valsas sobre a fronte
Desaguam e serpenteiam risos de estrelas...

D'Alma nasce o menestrel
O qual no jirau da saudade
Expõe versos de ilusões...

Rimas transformadas são:
Num guerreiro em batalha!
Sua pena corta as palavras indesejáveis
Ajusta aqui e ali os sentidos
A liberdade pressiona os gemidos...

Cuja imagem solenemente produz no vate
Aquarela do jardim vital
Tudo é arcano, tudo é natural,
O meu poema deita a sombra
Debaixo do sol das metáforas...

A VIDA EM POESIA
 Willame Coelho Alves Filho

Caminham os pés em formoso leito
Quão elegante, anunciam a paz
Toma forma de lápis, faz conceito,
O ser é humano não desiste jamais!

Da boca airosa expressa o amor
Do pensamento produz aurora,
Que transforma no bem, o poema da dor
Na alegria agiganta-se da tristeza que ignora.

E assim torna-se raiz profunda
Como fosse árvore frondosa,
No formato de poema avançada sentinela
Eis o papel: qual recebe a sentença primorosa
Pois a vida em poesia tem razão de ser bela!

A OBVIEDADE DO AMOR
 Yuri Santos

O amor não precisa ser uma obrigação
Muito menos sempre estar sendo lembrado
Por vezes uma canção
Para o coração quebrantado

Onde ele está?
Em muitos lugares eu espero
Com quem ele está?
No olhar de quem te quer por perto

O amor se alimenta do gostar
Do querer encontrar
A obviedade do amor
Está ligada ao amar

O AMOR NÃO JULGADO

 Yuri Santos

Posso ver o ódio em cada olhar
Cada um a me acusar
Eles perguntam a um homem
Se devem me apedrejar

Uma multidão está aqui
Não sei o que fazer
Uma multidão está aqui
Acho que vou morrer

O homem escrevia no chão
A lei do amor e perdão
Ele olhou para mim como nunca vi igual
Enxergou nos meus olhos que eu era especial

ESTOU TRISTE

Zenilda Ribeiro da Silva

Hoje estou um pouco triste.
Queria tempo pra escrever.
Mas minha agenda insiste.
Tenho muita coisa pra fazer.

No meu peito hoje existe.
Um aperto que chega a doer.
Vendo esse vírus que persiste.
Em fazer nossa gente sofrer.

Sei que essa dor consiste.
Em ver tanta gente a morrer.
E que além do vírus coexiste.
Na política disputa por poder.

Mas minha esperança persiste.
Me diz pra não esmorecer.
Quem tem fé jamais desiste.
nem se deixa enfraquecer.

E no direito que me assiste.
Busco na escrita o meu prazer.
Em meio à correria subsiste.
O sonho e a alegria de viver.

POESIA PRA ANIMAR

✿ Zenilda Ribeiro da Silva

Se me derramo em poesia.
Mesmo em meio à pandemia.
É para não me derramar em lágrimas.
E entregar-me às minhas lástimas.

Se recorro às palavras.
É esperando que sua lavra.
Possa primeiro me encantar.
E ajudar-me a escapar.
Das agonias do meu viver.
Angústias que prefiro esconder.

E mexendo com seus sentidos.
Consigo reencontrar sentido.
Nos sentidos que o leitor
Ao meu poema adicionou.

Assim no meu interior.
Vai amenizando aquela dor.
E a angústia que dilacera.
Vai se espalhando na tela.
Vou reencontrando a paz.
Nesse labor que me apraz.

Parafraseando a poetisa.
Há dentro de mim mais poesia.
Do que lágrimas a derramar.
Então sigo no meu versejar.

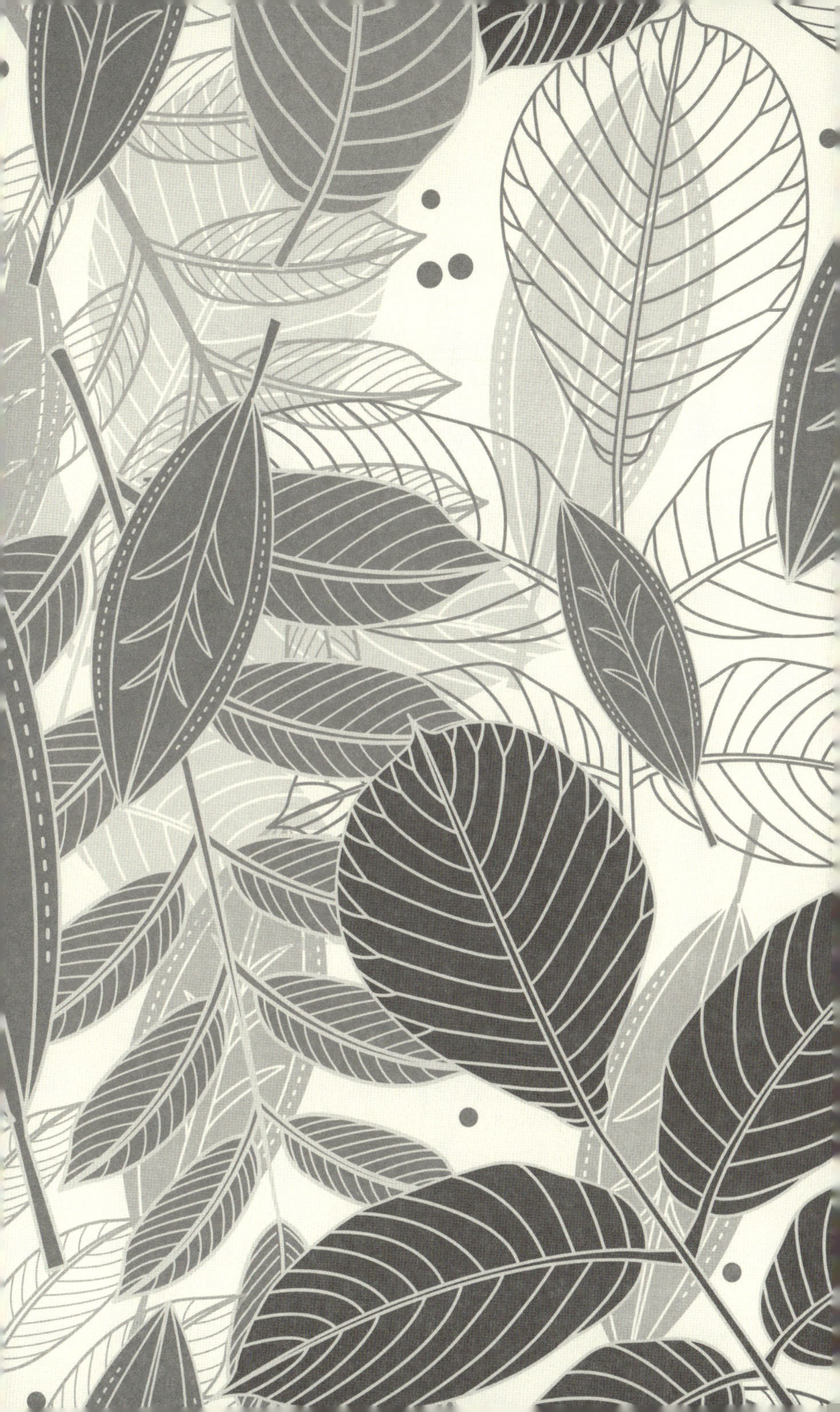

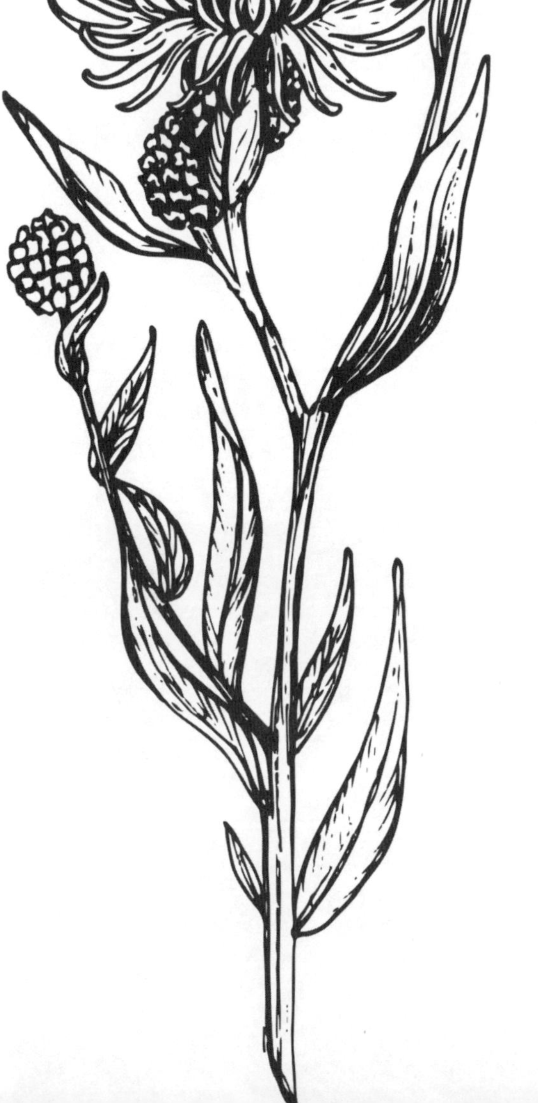

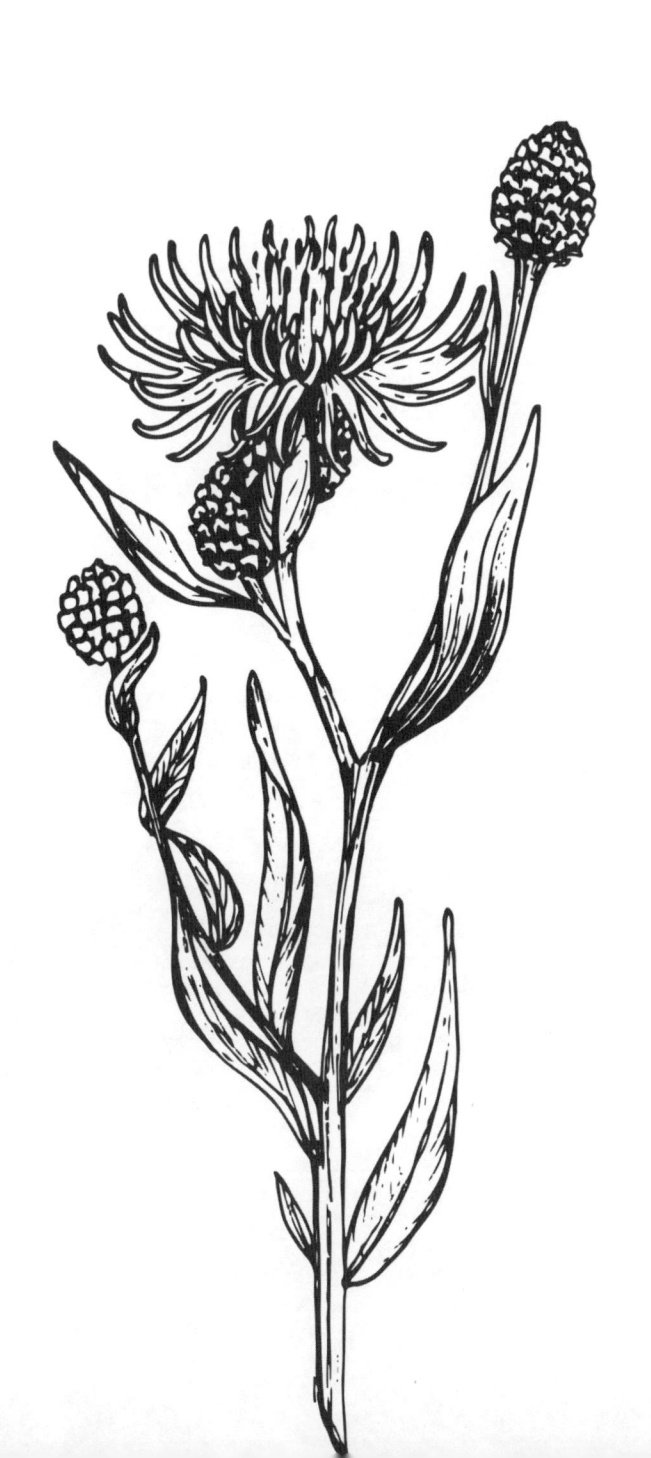

Segue o teu destino,
Rega as tuas plantas,
Ama as tuas rosas.
O resto é a sombra
De árvores alheias.
- Fernando Pessoa

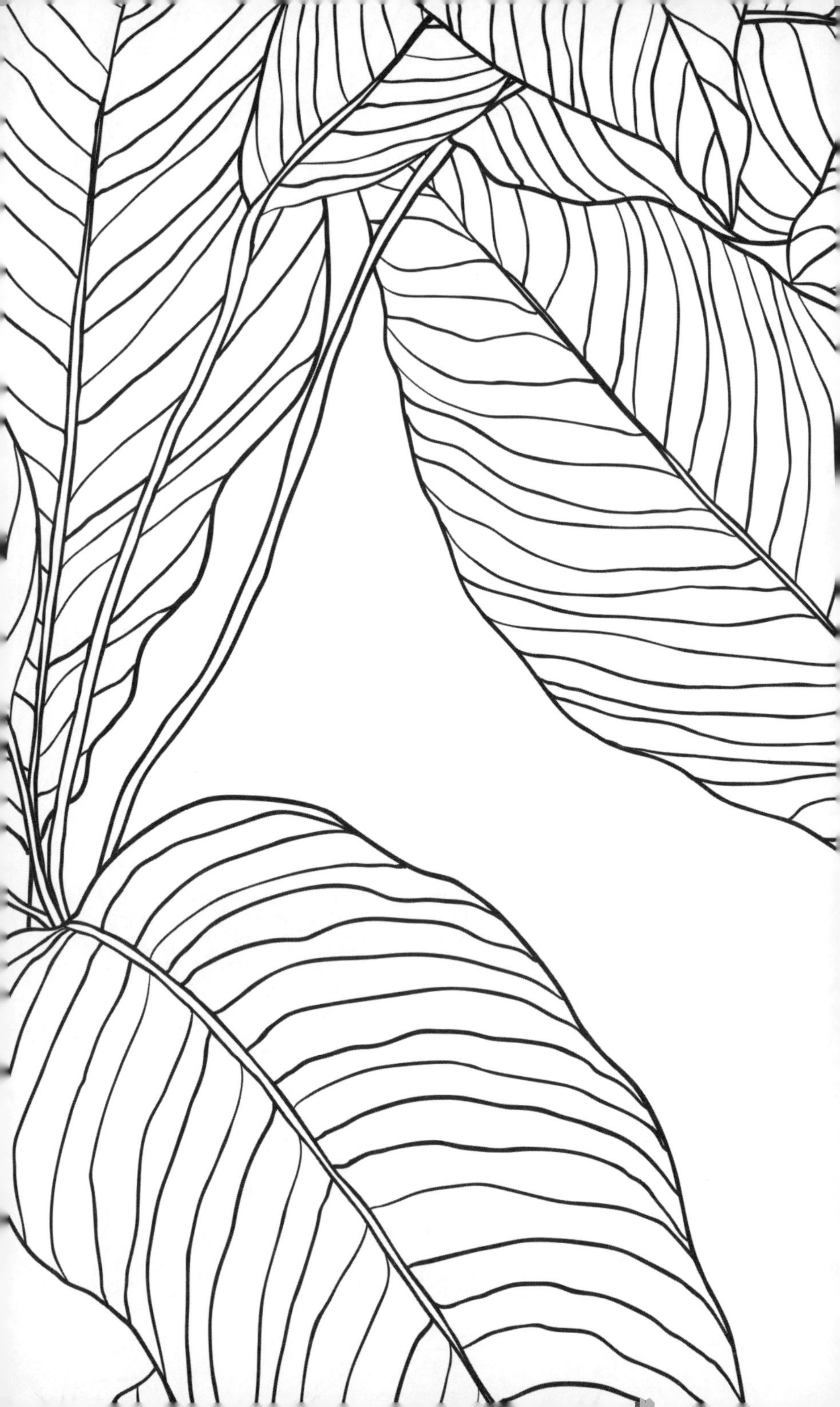

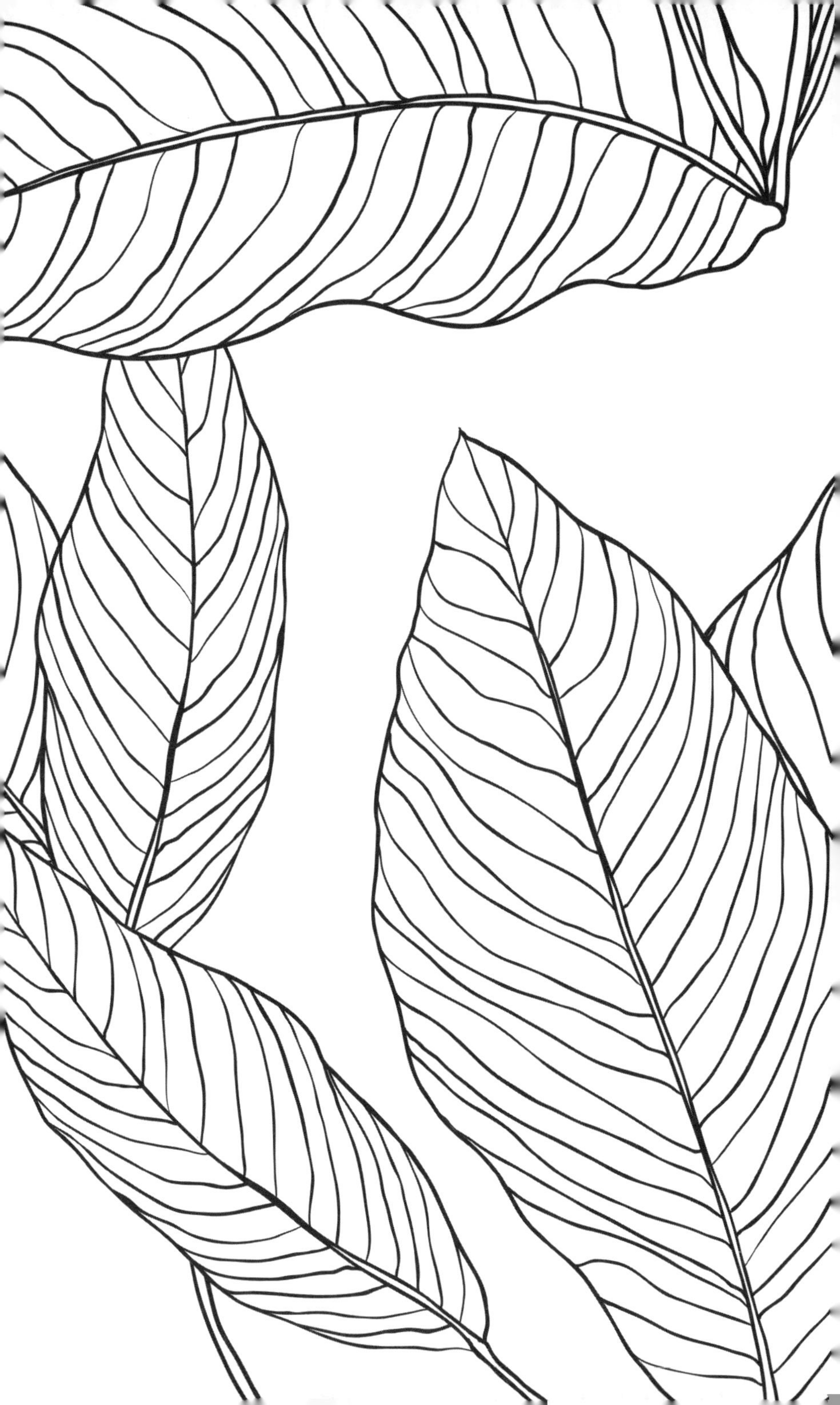

Este livro foi composto por letra em Adobe Garamond Pro
11,5/15,5 e impresso em papel Pólen Soft 80g/m².